コア新書 029

10年続くアイドル運営術

～ゼロから始めた"ゆるめるモ!"の2507日～

大坪ケムタ Otsubo Kemta
田家大知 Take Taichi

コアマガジン

目次

はじめに

みなさん「ゆるめるモ！」というアイドルグループを知っていますか?
これは、本作の前に作った『ゼロからでも始められるアイドル運営』という本の冒頭の文章です。

この前作の発売から約5年が経ち、ゆるめるモ！の人気と知名度をある程度まで拡大することが出来ました。この本を手にとってくれている方は、ゆるめるモ！のファンの方かもしれません。
しかし、ゆるめるモ!を知らずに、アイドル運営の本として読んでいただける方もいるでしょうし、あらためて紹介させてください。
ゆるめるモ!とは、ぼく田家大知が2012年に結成した
けちょん
しふぉん

ようなぴ
あの
の4人組のアイドルグループです。

アイドルを知らない人にとって、アイドルとは芸能事務所所属の女の子がオーディションなどを経てデビューするものと思っているかもしれません。

しかし、アイドルブームが起きたことで、インディーズでいわゆる地下アイドルと呼ばれるグループが多く誕生しました。そう、ぼくのような素人でもアイドルグループを作れる時代になったのです。

ネットが発達したこともあり、自分たちで音楽を作り、MVを作り、それを発信することが容易になりました。そうしたプロデュース業を具体的にどうするか指南したものが前作になります。その本の中で紹介した手法で、ぼくたちゆるめるモ！は1000人規模のライブ会場でワンマンライブを行うことが出来るまでになりました。

1000人規模のアイドルはいわゆる中堅と呼ばれます。

では、ここから抜け出して、メジャーな存在のアイドルになるためには何が必要なのか？

その方法を紹介するのが本作です。と言っても、まだゆるめるモ！は中堅から抜け出せていない事実があります。ですから、売れるための試行錯誤を記した本、と言うのが正確かもしれません。


ところで、ゆるめるモ！は音楽にしろ、その立ち位置にしろ、難解だと言われることがあります。ぼくとしては活動を通じて「あるメッセージ」を発信しているのですが、まだ理解されきっていないのが現状です。

実は、この本でも音楽と同じ「あるメッセージ」を込めています。読んでくれた方に少しでもその思いが届いてくれると嬉しい。

もちろん、そんな固く考えず、アイドル運営の成り立ちや裏側を知って楽しんでもらうのもOKです。

今アイドル運営をされている方へ。これさえ読めば「超人気アイドルが作れる！」という大層なものではありませんが、少しでも参考にしていただければ、こんな幸せなことはありません。

また、アイドルファンの方ならば、共感してもらえる話が多々出てくると思います。是非楽しんで読んでみてください。

正直、アイドルシーンは人気が一段落しています。しかし、ぼくはまだアイドルの持つ可能性を感じています。

前作がきっかけで誕生したアイドルもあります。本作がさらなるきっかけとなり、アイドル業界がますます盛り上がっていけば幸いです。

第0章　ワンマンライブとそしてこれから

撮影／後藤壮太郎

前作『ゼロからでも始められるアイドル運営』では、ぼくたちにとってのファーストワンマンライブである恵比寿リキッドルーム公演（2014年8月9日）の前で終わっています。その後発売した、電子書籍版では「電子書籍版おまけ加筆　ゆるめるモ！の躍進とそしてこれから」というかたちでその公演について語っているのですが、最近は新しいファンの方も増えています。あらためてリキッドルーム公演から現在のゆるめるモ！までを振り返ってみたいと思います。

運命のリキッドルーム公演

2012年10月に結成し、12月に初ライブを行ったゆるめるモ！。デビュー当初はメンバーの入れ替わりなどありながらも、2013年9月には新メンバー5人も加入。けちょん、もね、ゆみこーん、しふぉん、ようなぴ、ゆいざらす、あの、ちーぼうの8人で初のフルアルバム『Unforgettable Final Odyssey』（略称UFO）発売（2014年7月9日）までこぎつけました。

そして8人グループになって初のワンマンライブが「2014：A Space Odyssey On LiquidRooMo！～リキッドルーモ！号で行く、2014年宇宙の旅～」（2014年8月9日）です。

会場は恵比寿リキッドルーム、収容人数は約1000人。アイドルに限らず、ふつう最初のワンマンライブは100～400人くらいのライブハウスで行い、次に800～1000人規模のセカンドワンマンを……というのが一般的です。

しかし、このワンマンをこの先に向けての起爆剤にしたかったですし、当時まだリキッドルームでやるアイドルが少なかったのもありインパクトが残せる。たとえ失敗したとしてもチャレンジした方が良いな、と思い決断しました。

ただ、それまでゆるめるモ！が主催してきたライブは200～300人規模どまり。そのくらいの大きさならプロデューサーであるぼく1人を中心に回すことが出来るのですが、1000人ともなるとやはり甘くはありません。当時、すべてを把握してるのはぼく1人。さらにライブの流れやセットリストをライブ直前に決めたこともあって、とにかく準備不足でした。

ライブ当日もようなぴにだけ全体の流れを伝えて進行してもらったのですが、彼女も急に言われて覚えきれるわけがない。途中で頭が真っ白になっているのを見て、あわててぼくがステージ脇から流れを伝えに行ったり。ライブの最中もドタバタでした。

特にリキッドルームでは「初の全曲バンドセット披露」という目玉があり、これがとにかく大変。バンドメンバーを集め、一堂に会して練習するとなると、時間もかかればスタジオ代はじめお金もかかる。バンドメンバーがゲスト込みで15人、さらにゆるめるモ！のメンバーでも別にリハーサルをするのですから、時間を調整するだけで至難です。

当日は1000人を超えるお客さんでチケットも完売になったのですが、ここまで来てくれたのは正直意外でした。感謝しかありません。

ライブの数週間くらい前の時点で売れていた前売りが500枚から600枚。とにかく1枚でも売れるために何かしよう、とライブ会場などでビラを配ったり、告知映像を毎週YouTubeにアップしたり、プロモーション的な盛り上げに力を入れました。

ワンマンで変わったメンバーの意識

ライブが近づくにつれ、メンバーの意識は明らかに変わっていきました。それまで主催イベントなどの経験はありましたが、それとは違う「ワンマンだから」という気迫が出るようになります。

それは、これまでの努力もそうですし、当日のDVDなどを見ると初めての大舞台という高揚感が伝わってきて猛烈に感動します。メンバーたちもこんなにお客さんが入ると思っていませんでしたから。

その後、もっと大きな会場でもライブはやりましたが、この初のリキッドルームワンマンで見た光景は、彼女たちは一生忘れることはないと思います。

ワンマン以降、メンバー全員に自分たちがやっていることに対する自信と確信が芽生えました。それまでぼくがどれだけ「ゆるめるモ！はイケるぞ！　売れるぞ！」と言っても、まだどこか疑心暗鬼だったと思うんです。

それが1000人のワンマンをやったことで、この方向へ本気で向かっていけば良いんだと思ってくれるようになったんじゃないでしょうか。この時、初めてプロデューサーとして信用を得られたように思います。

メンバーのモチベーションを上げるためにも、無理してでも大きなワンマンライブを行うことは、決して無駄ではないのです。

メンバーのゆいざらすはリキッドルームのライブで卒業。ゆみこーんはこの日出られずにそのまま卒業となってしまいましたが、この日ステージに立った6人がその後2年間辞めずにこられたのは、この日の体験があったからだと信じています。

よくファーストワンマンをやったグループが「自分たち〝だけ〟をこれだけの人が見に来てくれた」という言い方をしますが、まさにその喜びを体験したことは、かけがえのない経験でした。

また、アイドルファンの空気も、変わっていきました。キラキラした王道アイドルとは違うものの、「ゆるめるモ!来てるんじゃない?」ってムードを作ることも出来ました。激しいロックを全面に出したアイドルの先駆者・BiSは『UFO』の発売前日に横浜アリーナで解散ライブを行っていましたが、ポストBiS的な存在として研究員(BiSファンの総称)の方たちも会場に来ていただいたようです。

こうしてファンの方、メンバーの頑張りによって、なんとか無事にリキッドルームのワンマンを終えることが出来ました。

しかし、プロデューサーとしては大反省なのは言うまでもありません。早めに全体の流れを決めてメンバーやスタッフと共有していれば、もっと良いライブが出来たんじゃないか、と後悔があります。

その後、赤坂BLITZやZepp Tokyoなどでワンマンを経験した今は、「なんでリキッドルームであんなにドタバタしてたんだろう……」と思うほど、ライブにおける準備不足や人員不足をでした。300人規模でやっていた方法でやるには、リキッドルームのキャパシティーは広すぎたのです。

『Hamidasumo!』で気づかされたもの

ファーストアルバム発売とファーストワンマンライブを終えたゆるめるモ!の次のステップは東名阪ツアー「東名阪だよ!全員ハミ出すモ!ツアー」、そのファイナルである赤坂BLITZワンマンライブ(2015年5月2日)でした。そこに向けてのさらなる起爆剤として用意したのが、レジェンド級のニューウェーブバンド・POLYSICSのハヤシヒロユキさんに書いてもらったニューシングル『Hamidasumo!』でした。

なぜ、ハヤシさんにお願いすることが出来たのか? それは、「ハヤシさんがゆるめるモ!を気に入ってるらしい」という噂を聞いて、人づてに曲を書いていただけるかオファーをしたら、快諾してくれたという流れです。

ゆるめるモ！とPOLYSICS。最高の組み合わせですし、ハヤシさんに「ぶっちぎりの攻め攻めで作ってください！」とお願いした通りの曲が完成し、「これはヒット間違いなし！　ロック界激震だな！」と思いました。それに、このシングルは初めてメンバー別の初回限定盤と通常版の7種類を発売することになって、これはもうバズるしかない！　と。

しかし、発売してみたところ楽曲の評価と反して、これまでで一番のセールスとはいきませんでした。この世間の反応とセールスのズレはぼくのプロデュースミスでした。それまでのぼくは、攻めたかっこ良い曲を作れば、お客さんはついてきてくれると思っていたのです。しかし、実際はそうでもないのだということに気づかされました。

それは、活動する会場の規模が変わったことも大きいと思うのです。それまでの300人規模のライブハウスだと『Hamidasumo！』の高速で展開がどんどん変わるニューウェーブパンクな楽曲は盛り上がっていたはずです。しかし、1000人規模だと後ろの方で静かに見る人もいる。そういう人は戸惑ってしまうのでしょう。

あらためて今は、予想していたほどヒットしなかった理由がわかります。自分が大好きな音楽の路線だけだと、音楽好きな人だけに届いて終わってしまう。生粋の音楽好きの層は1000人いないということを学びました。もっとわかりやすいものを作らないと、遠くまでは届かない。これは今に至るまでのテーマなのですが、『Hamidasumo!』で最初にぶつかった壁です。

もうひとつこの時気づいたのは、ハヤシさんが曲を書いてくれたということで、ロックファンもライブを見に来てくれるんじゃないか？　と思ったら、そういう動きがなかったこと。もちろん、中にはもともとPOLYSICSファンの方で、『Hamidasumo!』きっかけで見に来てくれて、今も通ってくれる方もいるのですが、想定していたほどの数ではなかった。

リリース発表のタイミングのニュースでは「ついにゆるめるモ！とPOLYSICSが！」という感じでバズるんですけども、実際のライブでは、そう簡単に垣根を超えた民族大移動は起こらないものなのです。

クオリティ的に負けないもの、むしろ自分としては超えているものを作っているつもりなのに、やってることがロック側のファンに届かない。これも、この後ずっと抱え続けている悩みです。

ベトナムで音楽の楽しさに開眼

2015年のライブの中で、現在の4人にとって大きな転機になったのがベトナム遠征でした。もともとゆるめるモ！は結成する時点で「いつか海外でライブしたい」「海外の人たちにもっと届けたい」という目標を立てていました。そして念願が叶い、2015年7月にベトナム・ホーチミンで開催された「Manga Festival 2015」(2015年7月24〜26日)に出演させてもらうことになりました。これが決まった時は、本当に夢が叶うためのファーストステップが決まった気がしたものです。

ただ、そんなぼくの気持ちとは裏腹に、ほぼ海外旅行が初めてというメンバーたちは、早々に精神的に参ってしまいました。「ホテルの水回りが汚い」「髪の毛が落ちてる」「食事が合わない」などなど、バックパッカーの経験があるぼくからすると、どれも普通なことなのですが、年頃の女の子たちからすると、クレームの嵐。たしかにひどいおんぼろホテルだったんですけど。

メンバーが参ってしまった一番の決め手は、朝起きたらけちょんの目の前にゴキブリがいたこと。全員が口を揃えて「ホテルを変えてください」と言い出してしまいました。主催者の方に頼んで、急遽ホテルを変えたのですが、もう口を開けば「早く帰りたい」とばっかり言うような状況に陥ってしまっていたのです。ライブ前のモチベーションとしては、どう考えても最悪です。

さらに、初日のステージは本当に手探り状態で、言葉も通じないし、どうしよう？と戸惑いながらのライブになってしまいます。しかし、「音楽に言葉なんて関係ない！」とメンバーが開き直ってからは、ライブの様子が一変しました。全部で5ステージやったのですが、日に日に内容が良くなっていったのです。

特に最終日は本当に素晴らしいライブが出来て、お客さんからアンコールが鳴り止まないくらいの反応をいただきました。メンバーも「言葉が通じなくても音楽で繋がれるんだ」と本気で感動していました。

最初「早く帰りたい」と言っていた4人が、最終日は「日本に帰りたくない」と言うまでに、心境の変化があったんです。

このライブが、その後のゆるめるモ！にとって大きかったのが、「言葉が通じなくても音楽だけで繋がれる」という経験をしたことです。この時期はもねとちーぼうが活動休止していて、現在の4人だけで活動していた最初の時期なのですが、このライブ体験をしているのと、していないのとではライブに対する意識が圧倒的に違います。その後2人は戻ってきますが、この体験の差が予想以上に出てくることになるのです。

TIF・サマソニと夏フェスに次々と出演

2015年は大型ライブハウスでのワンマンもあり、世界最大のアイドルフェス「TOKYO IDOL FESTIVAL」(2015年8月1日・2日)への初出演、そして日本の2大洋楽フェスのひとつ「SUMMER SONIC」(2015年8月15日)出演など、一気に呼ばれるステージが大きくなりました。

「SUMMER SONIC」は出演といっても、フードコートにあるお笑いのステージでライブをさせてもらう感じで、近年BiSHやPassCodeが普通のステージに出ているのに比べればお恥ずかしい限りですけども、初めてメジャーなロックフェスに出られたということで気合いが入りました。

この年に出た様々なライブの中で体験として大きかったのはベトナムの他に、神聖かまってちゃんとのツーマンライブ「神聖ゆるかまってめるモ!ちゃん」(2015年8月16日)です。それまでもバンドとの対バンはやっていましたが、これほど人気も経験も実力もあるバンドとのツーマンは初体験です。

この時はゆるめるモ！も４人と生バンド編成で、負けるもんかという気持ちでテンションを上げてライブに挑んだのを覚えています。


さらに、映画『女の子よ死体と踊れ』（ゆうばり国際ファンタスティック映画祭正式出品作品）にグループで主演という経験も積ませてもらいました。さっきのベトナムのホテルもひどかったですが、こちらも山奥の山小屋でシーツに砂がついてるような場所で、メンバーの負担はかなりあったようです。

天気も悪くて豪雨のビショビショの中撮影して、特にあのが大変そうでした。崖から落ちたり、這い上がったり、文字通り体を張っていました。

ぼくはほとんど撮影に立ち会っていないので、自分の目で全貌を見たわけではないのですが、メンバーたちから聞く過酷エピソードはどれも初めて体験するものばかりでした。ただ、外部のスタッフと一緒になって、ひとつのものを作り上げる大変さに気づけたと思います。

通常のアイドル活動だけをしていると、こうした新しいスタッフと仕事をする機会が減っていきます。映画などの別ジャンルの仕事をすることで、メンバーの刺激に繋がっていきます。

『YOU ARE THE WORLD』で2度目の挫折

年末にはセカンドフルアルバム『YOU ARE THE WORLD』（2015年11月11日）を発売しました。このアルバムで、ぼくは一度死んでしまうんです。本当にもう力尽きてしまったんです。

『Hamidasumo!』でファンの方のニーズは理解したつもりでしたが、それでも「フルアルバムでめちゃくちゃ濃厚なものをやりとげれば、音楽ファンのもっと奥の奥にまで届くのではないか?」という淡い期待が残っていたのです。

基本的には前作同様に、前半ポップでどんどんドープな世界へ……という展開で、いきなりエイフェックス・ツインやスクエアプッシャーの影響を受けたドリルンベース（『モモモモモ！世世世世世！』）から始まり、ヴァン・ヘイレンを意識した80年代風ロック（『転がれ!!』）あり、ヴァンパイア・ウイークエンドを意識したオルタナパンク（『よいよい』）あり、さらに中村弘二さん（元スーパーカー）に書いてもらった『もっとも美しいもの』や後藤まりこさんの『：idアイドル』をここで発表しました。

それに再録ですがシングルリリースした『Ham·idasumo！』『夢なんて』『Only you』も入ってますし、ジャケットもチベットの密教画を意識してどっぷり極彩色のサイケにしてタカハシヒロユキさんに描いてもらったりして、ぼくとしては「どうだ！　世間！」という自信の一作です。しかし、これも思った以上に届きませんでした。

もちろん、音楽好きな方にはすごく喜んでいただけました。しかし、ぼくが求める刺さり方とは全然違う。これはやり方を変えていかないと、少人数だけに愛されるカルト的人気のグループで終わってしまい、広まらないと強烈に痛感してしまいました。そもそもそんなに聴き手を意識する必要があるのか？　自分たちのやりたいことを貫けば良いのではないか？ という意見があるのもわかりますし、ぼくもそれに賛成の気持ちもあるのですが、売れずに潰れてしまっても誰も責任はとってくれないのです。

年末には「YOU ARE THE WORLD TOUR」のFINALとして、Zepp DiverCityワンマン（2015年12月20日）も開催しましたけど、これだけのアルバムを出してソールドアウト出来なかったのは、ぼくとしては不本意でした。これが力尽きてしまった理由です。

しかし、そこで立ち止まるわけにはいきません。その結果を真摯に受けとめて、次のミニアルバム『WE ARE A ROCK FESTIVAL』を構想し始めました。これまでのやり方じゃダメだから、強烈に舵を切ってわかりやすいものをやろうというのが、このミニアルバムの根底にあります。

意識したのはロック。なぜなら、日本人はロックが大好きな民族だからです。海外だとヒップホップやEDMがランキングの上位にきて「ロックは終わった」と言われてますが、日本だとCMやタイアップで耳に入ってくるものはほぼロック。こんなにロック大好きな人種は他にいません。このでかいパイに向けて作ったのが、『WE ARE A ROCK FESTIVAL』になります。

1枚の写真からのあのブレイク

この時は、様々なアプローチの音楽を作っては、世間の反応を確認していた時期です。そして、楽曲のクオリティに応じた反応が返ってこないことにもやもやが溜まっていた時期でもありました。

その一方で、ゆるめるモ！に対する、全く予想もしていなかった反応が別のところから返ってきたこともあります。

2015年夏にロックフェス「夏の魔物」（2015年9月12日）に出演した際、そこで撮られた1枚の画像がツイッターにアップされたのをきっかけに、メンバーのあの顔と名前が一気に広まったのです。よく橋本環奈さんが1枚の写真をきっかけに……と言われますけど、それに近いことがゆるめるモ！にも起きたのです。２０１５年の後半、一気にあの人気が跳ね上がり、ゆるめるモ！の知名度が上昇し始めます。

現在も『ほぼほぼ〜真夜中のツギクルモノ探し〜』〜『深夜に発見！新ｓｈｏｃｋ感〜一度おためしください〜』（テレビ東京）と、レギュラーで出演させてもらっているテレビ番組に出始めたのが２０１６年の春です。

番組の制作チームにゆるめるモ！を好きでいてくれたスタッフの方がいて、ぜひ出演してもらいたい、と声をかけてもらったのです。本当に何もコネがなかったのに、２年以上も出演させていただいてるのは本当にありがたい限りで感謝しかないです。

実は、テレビというメディアは、ゴールデンタイムでもないと、１回出たくらいでは反応が返ってくることは少ない。しかし、出続けることでちゃんと一般の人の目に届くようになる。２年テレビに出させていただいて、やっとアイドルファン層じゃないところに、ゆるめるモ！が届き始めたと実感が現れたくらいです。ボクシングでいうジャブがしっかり効いてくるイメージです。特に地方に行くとそれは顕著です。テレビは出続けなければ意味がないのです。

もね・ちーぼう卒業、4人体制へ

2016年の7月10日に新木場スタジオコーストで行った「6'n' Roll History~ゆるめるモ!第1章総集編~」で、もねとちーぼうが卒業することになりました。今後はメジャーも視野に入れて、「活動の規模が大きくなるけど、どうする?」ということを聞いたら、もねは卒業。ちーぼうは妹分的グループであるレッツポコポコ(既解散)に移籍することを決めました。

前年に2人が休養していた時の4人は「2人がいない間もゆるめるモ!を守っていくぞ!」という意識だったのですが、この時から「この4人でこの先も行くぞ!」という明確な意思に変わりました。

この頃からセットリストをメンバーで組むようになり、メンバーだけでゆるめるモ！の将来を話す機会が増えました。6人だと人数が多すぎて、なかなか全員に同じ話を通達するのに時間がかかったりするのですが、4人だとメンバーに任せても目が届く距離です。メンバー脱退というピンチを彼女たちが成長してくれたことで、乗り越えることが出来ました。メンバーの卒業はやはり悲しいものですが、メンバーを成長させてくれるきっかけにもなるのかもしれません。

新しい世界を切り開いた『サマーボカン』

さらに前に進んでいくぞ、という決意が固まったのが、4人体制のスタートと同時に発表したミニアルバム『WE ARE A ROCK FESTIVAL』（2016年7月13日）と、そのリード曲である『サマーボカン』がこれまでにない刺さり方をしたことです。

SNSのあの人気の高まりや、テレビ番組を通してのこれまでのアイドルファンじゃない層に届いてるという実感と、『YOU ARE THE WORLD』が予想以上に広がらなかったこと。それを考えると、ターゲットのミスマッチが起こっていたとわかります。

今ゆるめるモ！がやるべきなのは、これから社会に出ていこうとしている人や学校で悩んでる子たちにメッセージを届けること。だったら、わかりやすめのロックを前面に置いていた方が、メッセージを聴いてくれて広がると確信しました。ゆるめるモ！をこれから聴く人を救いたいのに、わかりにくいサウンドで届きにくくしてどうするんだと痛烈に思ったのです。

それで、初期からゆるめるモ！の曲を作ってくれているハシダカズマさんとロックフェスで人気の邦ロックバンドの曲を浴びるように聴いて、これまでにない前のめりなロックに挑戦したのが『サマーボカン』です。

発表した当初は賛否両論でした。特にこれまでのニューウェーブやオルタナ、テクノといった要素が好きだった人からは総スカンと言って良いくらいでした。しかし、もねとちーぼうが卒業した「6'n' Roll History」で初披露してから、ゆるめるモ！のYouTubeチャンネルで一番最初に100万再生を超えたのが『サマーボカン』のMVだったのです。

これまでにない振り切ったロックは、実際にSNSやテレビをきっかけに新たにゆるめるモ！を知った若い層に反応が良かったです。メンバーたちもそれまでにない突き抜けたポップさに最初は迷いもあったみたいですが、6人から4人にシフトした時の前のめりなロックな空気感にマッチしていました。

ゆるめるモ！の音楽性は今でもかなり幅広いと思いますが、もう少し軸足をロックにずらさないと、お客さんからするといまいち掴みどころのないグループに見えてしまいます。例えば当時のゆるめるモ！の音楽を大きく分けると、ニューウェーブにテクノ、ロックなどがありますが、そのうち3分の2が聴くパイが決して多くはないジャンルということもあります。

ハシダカズマさんのバンド・箱庭の室内楽とのコラボ盤『箱めるモ！』を出した時は

「企画盤ならそういう全編ロックでも良いな」という気持ちがありました。ただ、思い返してみると、このアルバムはオルタナ寄りではありますが、ロックファンから好評だったんですよね。

案の定、ロックに振り切った『サマーボカン』で、はっきりと結果が出たのです。軸足はティーンネイジャーが支持してくれるロックに。これからもいろんな音楽はやっていくし、そこは期待してくれて良いのですが、今この時期にぼくらのメッセージを広く伝えるにはロック寄りにしておくのが確度も高まるし間違いない、と感じました。ここで今のゆるめるモ！の方向性が定まってきます。

初の4人になってからのツアー「WE ARE A ROCK FESTIVAL TOUR」は北海道から沖縄まで全12公演の全国縦断ツアーとなりました。ファイナルはファーストワンマンの地で初心に帰ろうという意味で恵比寿リキッドルームで開催したのですが（「WE ARE A ROCK FESTIVAL TOUR FINAL—RETURN TO ZERO—」2016年10月24日）、平日ながらチケットは完売。ロックな楽曲とメンバーのがむしゃらさが化学反応を起こし、今でもファンの方から愛されるツアーになりました。

海外からも求められるゆるめるモ！

２０１７年は「孤独と逆襲～てえへんだ！　底辺だ～ツアー」（3月20日～4月2日）、「ディスコサイケデリカツアー」（7月7日～23日）、「夏休モ！　ゆるめる盆！」（8月10日～13日）、「NEW WAVE STAR TOURS」（10月8日～11月5日）、「5周年アジアツアー」（11月10日・26日）「YOUTOPIA TOUR」（12月10日～２０１8年1月6日）と各地でライブをこなしました。地方ツアーに海外と色んなところに行ってみよう、ってモードだったのです。

ライブもヤング限定（未成年限定）やアダルト限定（成人限定）、女性限定など色んな挑戦をしてみました。未成年限定ツアーなんかは、明らかにライブハウスが初めてのような、若いファンの掘り起こしにも繋がりました。

しかし、ここで新たな壁が現れます。東京のアイドルグループが地方で人気を定着させるのは簡単ではないということです。その土地を盛り上げる準備をして、数多く足を運んだ上でないと、なかなかファンが拡大していきません。

そんな中で印象的だったのは韓国でのライブ（11月10日）です。『サマーボカン』の頃から、SNSやYouTubeに韓国語のコメントが急激に増えてきた実感はありましたが、満を持して行ったらもう大成功でした。

それまで海外でのワンマンライブは、入る時でも動員数100人前後だったのが、韓国だと300人を超えるほどで、グッズも飛ぶように売れました。

盛り上がった理由として、熱い韓国のファンの有志の方々が動画で音の字幕と意味の字幕を韓国語で両方作ってくれ、ネットにアップしていたことです。みんな意味をわかったうえで興味をもってくれているのです。

何より感動したのが、みんな日本語で歌詞を覚えて、合唱してくれたこと。その熱意がすさまじく、日本でも見たことのない光景でした。メンバーもぼくもゾクゾクしたことを覚えています。やはり「音楽に言葉なんて関係ない！」のです。

それにしても、なぜここまで受け入れてくれるのか？　現地の人に聞いたら、「韓国は自殺率がすさまじいことになっていて、日本より高いくらい。韓国はマッチョで力強いアーティストが多い文化なので、ゆるめるモ！の「つらい時には逃げても良いんだよ」という弱い人に寄り添うような歌があまりない。そこが韓国の人たちに響いたんじゃないか」と言われました。

このように東京以外のライブを盛り上げるには下地が必要なんだと、韓国のライブで思いました。ファンの方に作っていただいた字幕動画が下地というわけです。ぼくは何もしていなかったのですが、地方でライブをやる際には、しっかりとこのような土壌を作ってから遠征するべきなのかもしれません。

『ネバギバ酔拳』の新しいアプローチ

そして2017年11月29日には3枚目のフルアルバム『YOUTOPIA』をリリースしました。このアルバムはコンセプチュアルな感じにしたく、『サマーボカン』とか『逃げない!!』とか楽しい中にもかっこ良さがある方が良いなと思い、後半に『永遠の瞬間』『must 正』『天竺』を展開して、映画のような物語性が見える景色の作品に仕上げました。

ただ、これも今振り返るとまだわかりにくかったかなという後悔があります。フルアルバムとなると肩に力が入り、欲が出てしまいました。もっとファンの広がりを求めるならば、極端なくらいにわかりやすさを追求しないといけないとあらためて思いました。

なお、現在ゆるめるモ！も多くのサブスクリプションサービス（定額聴き放題サービス）に配信もしていますが、この当時はCDというメディア、フルアルバムという形式、サブスクと音楽のリリースについて考えさせられるタイミングでのアルバムになりました。1時間を超えるフルアルバムを最初から最後まで聴き通すような習慣は滅びつつあるのではないか？　と。

そんな転換期だからこそ、強く意識しているのが、今やどの曲も映像作品を出しておかないと世間に浸透しない、世の中に見つからない埋もれた曲になってしまう、ということです。特にゆるめるモ！に今興味を持って来てくれるような若い子のメインは、ＹｏｕＴｕｂｅだけで音楽を聴いています。ちゃんとアルバムにある曲を全部聴いてくれるような人は、そうとうコアなファンです。これまでリリースした曲は90曲近くになるのですが、全て聴いてくれる熱意と時間のある人はどれくらいいるんだろう、とぼくですら思います。

動画がないと曲の愛され方が弱くなります。ゆるめるモ！にとって、少し前までの定番曲でも、映像がないと見る機会もなく、ライブでやると新しいファンはキョトンとしてしまうのです。

そうした今の世の中のリスニング傾向も踏まえて、これまでより一歩踏み込んで作ったのが『ネバギバ酔拳』（２０１８年10月10日発売）です。曲を作る時点でストーリーや映像まで思いついて、それをＭＶやステージにまで落とし込みました。

これまでのやり方だとアイドルファンやゆるめるモ！に興味ある人にしか届かない、という現実を打破するために、ＭＶに女優の武田梨奈さんを起用することで、アクション映画好きの人にも届いたし、映画『ポリス・ストーリー／ＲＥＢＯＲＮ』の舞台挨拶に出させてもらい朝の情報番組『スッキリ』で紹介されたりと、垣根を超えたプロモーションが大いに成功しました。

またＺｅｐｐ ＴｏｋｙｏとＺｅｐｐ Ｎａｍｂａで開催した「酔拳ツアーＷファイナル」（２０１９年１月５日・26日）では、演劇的に見せようと思い、いつも通りに曲もやるけれど、映画のような映像を挟んだり、アクションと笑いの要素を含んだドラマを幕間に行ったり、曲中に龍や虎が出てきたりするエンターテイメントさを全面に出してみました。アイドルに限らず、愛されてるグループはライブの合間にコントがあったり、喋りがすごく面白かったりと、曲だけでない広がりがあるものです。音楽だけで勝負というバンドならライブオンリーでも良いですが、ゆるめるモ！が音楽だけで終わってしまうのはとてももったいない。

ぼくは常にライブハウスツアーの先に、いずれはホールツアーをやるべきだと思っています。まだ遠い目標ではあるけれど、家族にも見せられるホールライブのような演出が『ネバギバ酔拳』で少し見えた気がしています。

ソロで力を蓄えた最強のメンバーが集まる場所に

2019年はそれぞれソロ仕事が目立ち始める時期です。あのは、集英社から写真集『ANOther』を出したり、『血まみれスケバンチェーンソーRED』などの映画、『しゃべくり007』などのバラエティ出演、ファッションコラボとオファーが尽きないです。けちょんは絵本『不可思議な、僕の物語。』を描いて個展を開いたり、さらに舞台や映画と役者の仕事が来るようになったりと、その演技と存在感を評価してくれる人が増えてきました。

ようなぴはソロアーティストとして音楽の方はもちろん、絵の才能を活かしてグッズやファッションも手がけ、自ら個展を開いたり様々なブランドとコラボしたりしています。

しふぉんは西井万理那さんやぱいぱいでか美さんとのユニット・APOKALIPPPSに誘われて参加したり（現卒業）、トークイベントを主催したり、お笑いライブのMCに抜擢されたりと、歌や喋りの能力を活かしています。

ソロ仕事はグループの成長に欠かせません。外仕事で今まで知らなかった表現方法を経験し会得すれば、それをグループに還元してくれるからです。それに内仕事だけだと視野が狭くなってくるので、その子個人の成長にも大きく寄与します。

グループである以上、ゆるめるモ！の方針に合わせなきゃいけないとメンバーが感じている部分もあると思うのですが、ソロ仕事を経験することで新しい自分の一面や挑戦したいことを知ったり、グループで割り切って動くことが出来るようになったりと、グループに対してプラスの影響ばかりです。

理想は、普段はそれぞればらばらで戦っているけど、ゆるめるモ！で4人集まると戦闘力がアップする、まるで昔のSMAPみたいなオールスター感……というのは言い過ぎかもしれないですけど、そういう存在になっていくためにも、メンバーのソロ活動は積極的に支援するようにしています。

前作のまえがきで、ゆるめるモ！を作ろうと決めた理由に、窮屈な日本をなんとかしたい、少しでも良いから風穴を開けたい、つらかったら逃げても良いんだよというメッセージを少しでも届けたいということを書きました。その気持ちは今でも変わりません。歌を通じて自分たちがやるべきこと、届けるべきものがある。今の社会でつらい思いをしている人たちの姿が見えているから、ぼくもメンバーもゆるめるモ！を続けているんだと思います。

このメッセージがメンバーにとって押し付けられたり、難解なもの、理解出来ない、共感出来ないものだと7年も続けられていないと思いますし、まずメンバーに、そしてその先の人たちに届くものをずっと作り続けてきたつもりです。

よくプロデューサーとして「田家さんは好きなことだけやれて良いね」とか「やりたい音楽をやれているね」と言われますが、全く違います。やりたいことではなく、やるべきことを常にやっている。その時々の状況ごとに応じて、やるべき最適解を、ベストなアンサーを選択しているだけです。メッセージを届けるために、ゆるめるモ！をより広い層に届けるために、プロデュースしています。好きなことだけをやっていては届かないと、活動をしていく上でわかったからです。今回の新書は、前作に比べてもっと広い層に届けるための手法に焦点を絞ってみました。

2019年は配信シングルを3枚出して、「世界をかき回して、平和を作る」というコンセプトのミニアルバム『SHAKER　PEACEMAKER』を出して、ツアーもやって、来年初めに発売する4枚目のフルアルバム『サプライザー』に向けて「世界をもっと驚かせる存在でありたい」という意味のサプライザー宣言もしました。蝶野正洋さんに初代サプライザー長官に就任していただき、一緒にMVを撮ったりファッションコラボをしたりして、今までにない感じの活動が出来ていると思います。2020年の『サプライザー』がどういうアルバムか、そして売れるのかはまだわかりませんが、タイトル通り驚きを次々と打ち出していければと思っているので楽しみにしていてください。

この第0章では、恵比寿リキッドルームから、現在までを駆け足で振り返ってみました。次の章からは、楽曲、MV、ライブなどのアイドル活動に必要不可欠プロデュース方法を、ぼくの経験を元に紹介させていただきます。

第1章　CD不況の中で人にリーチする楽曲の工夫

撮影／後藤壮太郎

お茶の間に届く歌を本気で作りたい

5年前、リキッドルームワンマンの頃と今では、ゆるめるモ！の曲の作り方は大きく変わりました。第0章で語った通り、『Hamidasumo！』『YOU ARE THE WORLD』が思ったほど売れなかったことで、それまでは「ぼくの好きな音楽、かっこ良いと思う音楽だけでいけるところまでいけるんじゃないか？」と思っていたのを、修正しなければいけないと感じるようになったからです。

このままの音楽性では、1000人以上のお客さんを捕まえるのは難しい。最初のZepp DiverCityワンマンライブの時に「このやり方だとアングラシーンの伝説で終わってしまう」と確信しました。

「お茶の間に届く歌を作らなければ」というのは最初の頃から考えていたのですが、「それは武道館に行ってからでも遅くない」と思っていました。しかし、それでは遅い。広く聴かれる歌がないことには、武道館にすら辿り着くことが出来ないのです。

ですから、5年前も今も、みんなが知る代表曲を作りたいという気持ちは変わっていません。その着手に具体的に取り組み始めたのがこの1、2年というわけです。紅白歌合戦に出られるくらいの、誰もが知ってるヒット曲を歌うグループを作りたい。

1500人・2000人という赤坂BLITZやZeppクラスくらいからは、意識してお茶の間に届く曲を考える時期となります。

大衆・お茶の間・一般層……色々な言い方が出来ると思いますが、ぼくがメッセージを届かせたいのはそこです。普段から音楽が身近なアイドルファンやロックファンでもなく、そのもっと先の人たちです。理由は単純。もっと多くの人を音楽の力で救いたいからです。

では、そういう人がどのような音楽が好きかというと、やはり「流行っているもの」。自分たちで情報を得て今流行ってるものは？　と調べて掘り下げていくタイプではなく、メディアから出てきた音楽を素直に受け止めて聴く人たちです。

こう書くともしかしたらディスっているみたいに聞こえてしまうかもしれませんが、

要は本当に素直に良いものを受け止める人たちです。ぼくのように「ここの変態っぽいリズムが腰にきて踊れて」「このフレーズの繰り返しのループがトリップ出来て」みたいなひねくれてマニアックな視点で音楽を聴く人は極々一部です。そうではない、良いメロディと良い歌詞を普通に受け入れてくれるお茶の間に、ゆるめるモ！はメッセージを届けたいのです。

音楽好きな人が様々な音楽を聴くのは当然です。しかし、ぼくは普通に生活してる人たちを励ませる、時代を支えるみたいな存在になってこそ、初めて音楽の意義があると思うのです。

まだそんなヒット曲も出せていないのに、大きなことは言えないですが、人々の記憶に強烈に残って、時代と共にある音楽。その時期に生きた人々を、同時代に生きた者として一瞬で結びつけるような音楽。そんな存在意義、パワーがある曲を目指すべきだと思っています。

そして1000人から2000人、さらにその先のライブステージを目指すつもりなら、そういう曲を作る気概がないと、この場所をキープし続けることすら出来ない。それが1000人以上のステージだと感じています。

「誰でもわかる名曲」の必要性

一般層がわかる曲を作る意味は、もちろんそれが多くの人々に共感してもらえるということでもあります。現在、ゆるめるモ！は一般層には響かなくても、どこかの層には引っかかるくらいのバラエティに富んだ曲を作り続けています。ロック好きなら『サマーボカン』、きれいめなポップスなら『夢なんて』……「どれかひとつでもハマれば良いのでは？」と思う人もいるでしょう。

しかし一般層がわかる代表曲があることは本当に大事なのです。

例を挙げます。以前、あのが『しゃべくり007』に出演した際、ゆるめるモ！の公式サイトのサーバーがダウンしたことがありました。それはサーバーが貧弱すぎる理由もあり、過去にも落ちたことはよくあるのですが、検索サイトの検索ランキングでも一瞬だけゆるめるモ！が上位になるほどの注目度でした。

そういう時、つまりテレビを見てゆるめるモ！に興味を持った人がどういう行動をとるかというと、公式サイトの閲覧、さらにＹｏｕＴｕｂｅ公式チャンネルをスマホで見ようとするでしょう。

そうした時に、公式サイトやＹｏｕＴｕｂｅ公式チャンネルの入口には、一般的に広く人気のある歌手、例えば平井堅さんや絢香さんなどを聴いてた人がわかるような曲を何曲か置いておかないとダメだと思うのです。

せっかくゆるめるモ！に興味をもって見にきた人が、いきなり『Ｏｎｌｙ　ｙｏｕ』や『ＳＷＥＥＴ　ＥＳＣＡＰＥ』を聴いたら、「わかりにくい、苦手かも」って思って離れてしまいます。実際に、女の子がギャーとか叫んだり10分間も反復するビートが続く曲ですから、それも当然です。一般的には、わかりにくいものを一生懸命理解することに時間を割く人は多くありません。

これが同じアイドル発のグループでもB・iSHやPassCodeでしたら、こうした機会損失が起きることはないと思います。テレビでの紹介のされ方もロックアイドルとして取りあげられるでしょうし、公式サイトには最初からロックサウンドやヘヴィロック好きな人が来るでしょうから、どの曲でも初見の人たちを満足させることは出来るはずだからです。

しかし、ゆるめるモ！は曲の幅が広すぎます。最初に聴いた曲が偶然その人の好みにマッチしない限り「こういうのは好きじゃないな」と、せっかく聴いてもらった機会を潰してしまい、その後は二度と聴いてくれないかもしれません。

そのため幅広い層に「いい歌だね」と思ってもらえる曲を、何曲か看板に出しておかないといけない。それを気に入ってもらい、ライブに来てもらえるようになってから初めて「こんな面白い曲もあるんだね」と知ってもらうのが理想です。それから幅広い曲の迷路を楽しんでくれれば、プロデューサーからすると一番嬉しいハマり方です。

迷路の入口に、いきなり怖いものの、理解出来ないものを置いていたら、せっかく来たのに帰らせてしまう。「とりあえず」で聴いて、「いいね！」と思わせて「じゃあもう一曲」と思わせる最初の一曲がないと、本当にハマらせるところまではいきません。過去、MVがバズったりしたアイドルも多くいましたが、ブレイクしきれなかったのには、こうした原因があるかもしれません。

代表曲がまだない間は、カバー曲というのも良い手法です。よく「安易だ」と言われがちですが、まず入口に置いておく音楽としてはとても効果的です。よく、メジャーなアーティストでもカバー曲を出すのはそのためなんですね。ゆるめるモ！も、誰もが知っている有名ヒット曲のカバーはまだ出したことはないですが、効果的なタイミングでは考えていきたいと思っています。

届かせたい「邦ロック好き」

ゆるめるモ！は、最終的にはお茶の間のファミリー層まで届かせたいと思っています。

しかし、現状はまだそこまで全然行けていません。では今現在どういう層がゆるめるモ！を聴いているのでしょうか？

まずデビューしてから最初はアイドルファン層がチェックしてくれました。アイドルファン層はコアな音楽好きが多いため、ゆるめるモ！は比較的すぐに話題になりました。まず、リキッドルームワンマンまで辿り着けたのは、このアイドルファンの方たちが盛り上がってくれたおかげだと思っています。

その次に、テレビをきっかけに知った耳の早いティーンネイジャー。主に女性です。アイドルやモデルにも詳しくて憧れを持つ、カルチャー好きなオタク女子は全国にいます。現在のリスナー層はこの辺までです。この2つの層にはリーチ出来たと分析しています。

このカルチャー好き女子の奥にいる層が、積極的に音楽を掘るほどではないけれど、『MUSIC　STATION』などを見るような日常的に音楽を聴くティーンネイジャー。ここにまで届いたら、その家族が聴いてくれるかもしれない。さらに、その層が

5年聴いてくれれば、そのまま年齢を重ねて子供にも届くようになる。ファミリー層へのステップです。僕らはここにまだ届いていません。

音楽リスナー、特にアイドルを聴くリスナーはこの3つの層が存在しています。

この3つの層とは別に、日本には「邦ロック好き」という厚い層があります。ロッキング・オン主催の「ROCK　IN　JAPAN」が日本最大のロックフェスですから、とにかく数が多い。

ロック好きではあるのですが、洋楽はあまり聴かず、メジャーな邦ロック中心のリスナー。90年代くらいから聴いてた中年層からティーンネイジャーまで、しかも男女問わず。特に「耳の早いティーンエイジャー」に男性は少ないですが、この層には若い男性も多いです。ここにもぼくらは届いていません。

自分が曲を仕掛けて、「思ったより跳ねなかったな……」と反省する時に、いつも頭にあるのが野村克也監督がよく言う「勝ちに不思議の勝ちあり、負けに不思議の負けなし」

という言葉です。

これは音楽にも当てはまり、「売れるに不思議の売れるあり、売れないに不思議の売れないなし」と言い換えることが出来ます。

ピコ太郎さん、古くは『だんご3兄弟』のように、音楽は不思議な売れ方をする時があります。もちろん不思議な売れ方にも理由はあるのですが、うまく説明するのが難しいケースですね。しかし、売れない時は、ちゃんと確固とした売れない理由がある。だからゆるめるモ！の曲がなぜ売れなかったかというと、売れない理由をきちんと潰しきれてないからです。

曲が難解かもしれない、日本人はロックが聴きたいのかもしれない、若い層が求めるサウンドではないかもしれない。色々な売れない理由を潰していった結果、『サマーボカン』のような曲が誕生するわけです。もちろん『サマーボカン』が売れたとは到底言えないので、結果はまだ全然出せていないのですが、まずはこういった試行錯誤をひたすら繰り返さないと売れることは難しいと思います。

アイドルと生バンド

ゆるめるモ！と言えば生バンドというイメージがあるかもしれません。特に初期から見ていただいた方にそう言われることが多いです。

実際、結成初期は頑として生バンドにこだわっていました。最初のリキッドルームワンマンでは最大12人編成でツインドラムとトリプルギターを敢行したり、続く赤坂ＢＬＩＴＺワンマンでは15人のプレイヤーが参加と、アイドルのライブではなかなか見られない光景だったからでしょう。

しかし、今は絶対生バンドでないととは思わなくなりました。

ご存知の通り、アイドルのライブは基本的にはオケ（カラオケ）です。もともとぼくはロックバンド畑なので、「毎回オケでは魅力がない」と思うところはあるのです。毎回違うアレンジをしていくから音楽って面白いと思うのですが、それはかなり特殊な意見なようでした。

ファンの声を聞いてみると「ＣＤとちょっとでも違うアレンジは聞きたくない」という意見が多いのです。特に地方のファンからすると、ゆるめるモ！のライブは年に１回見られるかどうかだったりします。そうすると心理としては「ＣＤやＹｏｕＴｕｂｅと同じものが見たい」となるのは当然です。ずっと東京でライブをしてると、こうしたことに気づかなかったりしてしまいます。

東京に住んでいて、ライブハウスに足繁く通っている人は、生バンドやアコースティックセットなど大喜びしてくれますが、実はそういう人は１００人程度しかいないと思います。ほとんどのファンは、年に１回、もしかしたら一生に１回しか生で見ることはないかもしれない。

だったら見たいものを見せた方が、ＣＤやＹｏｕＴｕｂｅで見たものを爆音で追体験させた方が、本当にファンの方を向けているのでは？　と考えるに至りました。生バンドではＣＤと全く同じものは再現が出来ません。もちろん状況に応じて、生バンドでやるべき機会もあるので、その際には取り入れていきたいとは考えていますが。

ライブのセットリストも、初めて行く場所では「ヒット曲を聴きたい」という声にこたえてベスト盤的な内容にすべきでしょう。昔はメンバーも「デカ箱ワンマンでも有名な曲はやらない」みたいな、尖ったところがありました。

しかし、最近は大人になったと思います。それがその日来る人にとって、人生最初で最後のライブかもしれない。そうしたことまで、想像出来るようになったのです。ライブを重ねていると、忘れがちになってしまいますが、コンサートに何度も行ける人は、仕事的にも経済的にもそんなにいません。そんな「初めて」の方のためのセトリや音楽というのを考えるようになりました。

ライブのキャパが1000人を超えてきて、地方ライブが増えてくると、そういう人をライブ1回ごとにしっかり捕まえていくことが大事になってきます。

『ネバギバ酔拳』で試みた挑戦

2018年にリリースした『ネバギバ酔拳』は、ひとつの曲から「広がりを作る」という意味で、今までにない展開が出来た曲だと思います。ぼくらはお金もないしコネもない、大きなタイアップなんかも取れない。ただ「良い曲」を出しても、それだけでは世間には届きません。突き抜けるほどの名曲が書けてないというのもあるのですが。

ゆるめるモ！くらいの規模のグループだと、曲そのものにキャラクターをつけないと、まず興味のない層には届きません。では、どうしていくか。第0章でも少し書きましたが、掘り下げて説明したいと思います。

その当時、ゆるめるモ！は横ノリの曲を多くリリースしていた時期でした。ドッパンドッパンした速い縦ノリの曲ばかりを並べると、ウケるかもしれないけれど、緩急がなさすぎて消費されていくのが早いです。ライブ会場ではその場でパーっと盛り上がるかもしれないけど、人々の生活に浸透していきません。

ミドルテンポで気持ちよく踊れる横ノリの曲は、逆にライブ会場ではウケなかったりするのですが、ガツンと盛り上がる力はなくても、じわっと波がくるのです。ＡＫＢ48の『恋するフォーチュンクッキー』なんかまさしく典型です。

そうした考えから、横ノリなロックで良い感じの曲を作れないかなとフラフラと体をくねらせて踊っていたら「この感じ……酔拳？」と思いついたんですね。我ながら単純です……。

ただ、たしかに酔拳はテーマとしては広がりがあると思い、あらためて映画を見返しました。「ジャッキー・チェンが1回負けて、修行して相手に立ち向かう。それも正攻法じゃなくてのらりくらりと自分のペースで巻き込んでいく」というストーリーが、ゆるめるモ！のメッセージに合っていると思ったのです。

さらにジャッキー・チェンの自伝も読んでみると、ブルース・リーのカンフー映画ばかりの時代にああいうコミカルなアクションをこだわりを持って貫いたりと、けっこうパンクでアンチテーゼな人だと気付かされました。戦うのだけど、常に笑顔でコミカルで。おこがましいけどゆるめるモ！と合っているなと思っているうちに、うっすらと曲と映像が見えてきました。

ゆるめるモ！みたいに、ダラダラした子たちがダラダラ戦って敵をやっつけるストーリーだと、大衆的なカンフー映画のようにみんなが楽しめるものになるかもしれない。

それで、そこまでイメージと映像が明確にあるならと歌詞も自分で書くことにして、あとは肝心のMVはどうしよう？　と考えた時、あのが映画『血まみれスケバンチェーンソー』に出た際に、アクション指導をしてくれたｐｒｏｊｅｃｔ遊の方々がジャッキー・チェンマニアだったことを知り、オファーしました。

それで快諾をいただき、柴田愛之助さんが監督、遊木康剛さんがアクション指導、さらにシングルのジャケットなど様々な細部にもアイデアを出してくれました。さらに空手の黒帯で、映画『進撃の巨人』などのアクション映画、「クレディセゾン」の瓦割りのＣＭなどで有名な女優の武田梨奈さんにも出演をお願いすることが出来ました。

その時のゆるめるモ！に必要だったのはメジャー感。ただでさえ、力もコネもないので、見せ方を意識しないといけないからです。曲や映像のクオリティも重要ですが、メジャーで活躍されてる方と繋がることで、届かなかった場所へさらに広がる可能性があるという予感もありました。

実際に、MVがジャッキー・チェンをリスペクトしているということで、『ポリス・ストーリー／REBORN』の舞台挨拶に呼んでいただき、武田真治さんとものまね芸人のジャッキーちゃんさんと共演が出来て、さらに短い時間ではありますが『スッキリ！』でも紹介されるに至りました。

その発想を押し出して、「酔拳ツアー」はヒーローショーみたいに幕間にアクションを入れてみたり、映画のような映像を挟んだり、龍踊りの方や虎舞の方に来て踊っていただくなど、楽しんでもらえるライブが出来たんじゃないかと思っています。

アクションとか演出も出来る限りお金をかけてやりたいのは山々なのですが、そこに割く金銭的な余裕は少ないので、ぼくがストーリーと脚本を考え、アクションもコミカルにコントっぽい感じにしてまさにＤＩＹです。ＤＩＹがベストだとは全く思っていませんが、無い袖は触れないし、持っているリソースで最大限のことをやるしかない。楽曲からＭＶ、そしてライブと一環して作ったのは初めてでしたが、テーマとの相性の良さもあって新しいゆるめるモ！の見せ方が出来ました。

有名人の方と絡んだりしたことで「発想が代理店ぽい」「セルアウトだ」という反発も聞かれました。しかし、武田梨奈さんを起用した本格的なMVのおかげで、これまでゆるめるモ！に興味がなかった映画好きの方々の反応が確実にありました。何より音楽を薄めて作っていません。

その後も『さよなら世界』のMVではプロレスラーの蝶野正洋さんとコラボをしました。楽曲でこれまでアーティストの人とコラボしてきたように、MVの世界でも役者さんやタレントさんなど幅広いジャンルの人と積極的に関わっていきたいです。こうした関わりが意外な広がりを見せてくれるのが、楽しいのです。

CDの必要性とサブスク

「CDが売れなくなった」と言われてずいぶん経ちます。アイドルはAKB48に限らずCDを握手やチェキで売るやり方で賛否両論を起こし続けて久しいですが、正直ぼくらもＣＤの売上は苦戦し続けています。

１枚買ったら握手、２枚でツーショット撮影、３枚で全メンバーと撮影……といった特典をつけることで「積ませる」やり方は、世間的にも一時の熱を失っている気もします。昔は１００枚でアイドルとデート、みたいな特典も見かけましたけど、今はあまり見ない気がします。

数年くらい前までは、新譜が何枚売れたか、オリコン何位だったか、ということを周りも気にしていたと思いますが、最近は言われなくなりました。ＣＤの枚数や順位がすごいからといって、一般的な人気やライブの動員がすごいかというと、そうでもないことがもう当たり前に知れ渡ったからです。そのため、どのグループもＣＤを売ることに熱意を前ほど注がなくなってきている気がします。

今音楽を届ける手段はＹｏｕＴｕｂｅをはじめとした無料動画、もしくはＳｐｏｔｉｆｙ、Ａｐｐｌｅ Ｍｕｓｉｃといった定額聴き放題のサブスクリプションサービスに移りつつあります。ゆるめるモ！も多くのサービスから曲を配信しています。実感としては2018年くらいに、リスナーもCDからサブスクに大きく舵をきった気がします。

サブスクなどへの移行は、リスナーにとっては良いことですし、世界中の人が聴いてくれる可能性もある。聞こえは良いのですが、正直に言えばサブスクで得られる資金の額では、その曲の制作にかかったお金を回収することは到底出来ません。作詞・作曲からトラック制作、レコーディング・ミックス・マスタリング、これ以上に楽曲制作にはお金がかかります。

もちろん配信している以上はサブスクの収入というのは、ぼくらの手元に入ってくるわけですが、本当に微々たるものです。

まだ日本には辛うじてCD文化が残っていることは、「楽曲制作費の捻出」という意味で制作者側にとってはとてもありがたい話です。これはまだまだインディーズ規模であるぼくらにとっては否定出来ません。それにレコードショップでの無料リリースイベントというのは、まだぼくらに出会ったことがない人にとって、初めて足を運びやすい場でもあります。

「もうCDなんてスマホやPCを持ってない、デジタルに取り残された人に聞かせてあげるためのツールだ」なんて声が聞かれますが、まだ別の可能性が残されているコンテンツだと思います。ぼくたちは現時点ではまだCDを軽視していません。

日本の人気曲、海外の人気曲

サブスクで配信するようになり、ゆるめるモ！の音楽が世界に聴かれるかもしれない。そう考えると、海外のかっこ良いサウンドをどんどんゆるめるモ！に取りいれていきたいと思っています。

もともとぼくが洋楽好きというのもありますが、海外の音楽は次々と新しいものを生み出していて革新的です。海外のヒットチャートを見ていると「今度はこんな新しいサウンドが出てきたのか！」と興奮させられることも多いです。

それに比べると日本のヒットチャートは、売れているものが一定しています。それは日本ならではの文化や基準があるという証なので、良い面もあるのですが、日本の音楽チャートはガラパゴス化しており、世界と日本2つの基準に合う曲を作るというのは相当難しいなと感じています。

日本と海外のシーンを把握した上で、ゆるめるモ！をプロデュースしていくのなら、日本ばかりを意識するのではなく、世界の音楽の魅力を取り入れて面白い曲を届けても良いのではないか、それが出来る数少ない存在ではないか、とも思っています。ロックでもラップでもEDMでもない、ぼくらにしか出来ないジャンルがあるんじゃないか、と。

日本のチャートを聴いていると、世界には面白いサウンドの曲がいっぱいあるのに、なんでこの時代にこんな音を使うんだろう？　みたいなことも多々あります。

韓国のBLACKPINKがアメリカのコーチェラ・フェスティバルの巨大なメインステージでライブをやっている姿を見ると、音楽はむしろ、海外に向けてアプローチして売っていくべき時代なのかもしれません。日本だけの市場は小さいですが、音楽は雑誌などとは違い世界が市場です。

もう少し先の時代を見越して、これからは海外でヒットするような仕掛けを入れた音楽を作っていくかもしれません。可能性の種は撒いていきたいところです。

ゆるめるモ！人気曲解説

では、ゆるめるモ！の人気曲は、どんな種や仕掛けを仕込んできたか、何曲かピックアップして解説していきます。

『逃げろ!!』（『NewEscapeUnderground!』初収録）

前作で『逃げろ!!』についてはしっかり書いているのですが、あらためてあのタイミングのゆるめるモ！にとっての最重要曲でした。「つらい時は逃げても良いんだよ。自分を大切にしていこうぜ」というメッセージは、アプローチは変えながらもずっと送り続けているのですが、アイドルソングの王道な感じで作れたので、多くの人に聴いてもらえました。

『逃げろ!!』は『逃げろ!!』で完成している曲ですが、そこから『生きろ!!』だったり『逃げない!!』だったりと派生していきました。でもこの歌詞にある思いは今も変わることはありません。

『逃げない!!』（『ＹＯＵＴＯＰＩＡ』収録）

『ＹＯＵＴＯＰＩＡ』のリード曲で、タイトルは真逆ですが『逃げろ!!』と言ってることは変わらない。「逃げたい時も、逃げたくない時もあるだろうけど、どういう時でもわたしたちは君たちの味方だ」というメッセージです。ただ、楽曲的には『逃げろ!!』がアイドルポップスだったのに対して、もっとロックフェスでも歌えるようなサウンドに変えました。２０１７年のゆるめるモ！で歌うならこれかな、と思ったんです。

曲を書いていただいたM87さんは陽の匂いのするカラッとしたロックサウンドを作るのが得意で、期待通りライブでの定番曲になりました。ゆるめるモ！のアティチュードというと『逃げろ!!』と思われがちですが、ＹｏｕＴｕｂｅの再生回数では『逃げない!!』

の方が100万回を超えていたりして、最近のファンにはこちらの方が馴染みがあると思います。

メッセージは変わりませんが、曲をロック調にすることで広がりを狙った1曲です。

『Only You』（『文学と破壊EP』初収録）

初期から構想があった曲で、2001年のフジロックフェスティバルのフィールドオブヘブンでボアダムズがドラム4台、パーカッション2台を使い、同じビートをずっとループする宗教音楽みたいなトランス状態にハマる曲を披露していたんですね。もうそれで頭が真っ白になってしまい、そんな要素を詰め込んだ曲が出来ると良いなとずっと思っていました。

ボアダムズの曲にはほとんど歌詞がないので、これに歌メロをのせてやると面白い、破壊力がすごいはずと思ったのです。ゆるめるモ！の魅力は、色々なジャンルのサウンドの良さを詰め込んで、ポップソングに変えられるところなので。

歌詞は小林愛さんです。「この曲は本当にすごい曲だからタイトルを『Only　Yo

u』にした」と言われました。『Only You』というタイトルは、ザ・プラターズとかBOØWYなど有名な曲が多い。それに匹敵するくらいの曲になるという思いも込めてくれています。

やや難解でもあるこの曲が若い子たちからの評判が良い理由は、YouTubeにあげているライブ映像のインパクトがあったからではないかと思います。あのが客席にダイブし、ようなぴがメッセージを伝える光景を見て「ゆるめるモ!ってスゲー!」と思ってくれた新規のファンが多かったのではないでしょうか。

『ナイトハイキング』（『WE ARE A ROCK FESTIVAL』初収録）

『サマーボカン』の印象が強い『WE ARE A ROCK FESTIVAL』ですが、これも今までにない広い層を狙った曲です。ケミカル・ブラザーズのようなエレクトロなサウンドを基調にした、大衆的に聞かれるポップスを目指しました。

曲の構想としては『夜のピクニック』という恩田陸さんの小説や、デヴィッド・リンチ監督のロードムービー映画『ストレイト・ストーリー』がベースにあります。また、武田鉄矢さんの『少年期』という映画『ドラえもん』のテーマ曲があるのですが、それに出てくる「悲しい時には町のはずれで電信柱の明かり見てた」という歌詞からも着想を得ています。日常つらい思いをしている人は、夜空と会話をすることで救われたりする。どんな人にも夜空があって、それに見守られているみたいな感覚です。

そういうイメージを小林愛さんに伝えて、夜の散歩から『ナイトハイキング』という言葉が生まれました。また、ある時あのが「つらい時には家を飛び出して、ひとんちの屋根で一夜過ごしたこともあった」と言っていたことも。夜に色々な思いを巡らすことってみんなあるよな、という感じでメンバーの気持ちともマッチしたと思います。曲に広がりはあるけど、歌詞はひとりひとりに語りかけるような距離感のイメージですね。

『ミュージック3、4分で終わっちまうよね』（『ディスコサイケデリカ』初収録）

リード曲でもないし、ちゃんとしたMVも作っていないのに、ライブでやったら爆発力がすごい曲です。もともとひとつ前の『孤独と逆襲EP』の時には完成していましたが、そこに入れるには合わなかったため、全体的に楽しい雰囲気の『ディスコサイケデリカ』に収録しました。

Ａメロに出てくる歌詞「むかつくウザすぎる何も出来ない腰抜け野郎」などはメンバーたちが実際に言われたり罵倒された言葉を小林愛さんがまとめたものです。罵倒された言葉を並べてみようというのはメンバーたちのアイデアで、小林さんがメンバーに「今まで言われてきたつらいことを教えて」と頼み、それを詞にしていただきました。そこから音楽を伝えることの大事さみたいなところへと、うまくまとまった曲だと思います。

もともとメンバーは人とのコミュニケーションに苦労してきた子たちで、リア充な子はいないんです。つらい思いもしてるけど、負けるもんかという感じが、メンバーも感情移入しやすいのかもしれません。ロックな現場には必須の曲になっています。

『WOW WOW WAR ～スカ・チャンポン斉唱戦線～』（『SHAKER PEACEMAKER』初収録）
まだ人気曲になったわけではないですが、新しめの曲も紹介しておきます。最新ミニアルバム『SHAKER PEACEMAKER』からの先行配信シングルの1つです。『NEW WAVE STAR』というアフリカンでニューウェーブなリズムの曲を作った時に、あまり一般受けする曲じゃないかなと思っていたのですが、その後ライブで盛り上がる曲に成長しました。酔拳ツアー初日の神戸・太陽と虎でのライブで、『NEW WAVE STAR』でお客さんが大声を出して熱の塊のようになって盛り上がる光景を見ているうちに、このノリがいけるならもっと単純明快でわかりやすいサウンドで、皆でシンガロング出来れば良いなと考えて、それならスカパンクが合うのではないかなと思い付きイメージを広げていきました。「スカをやります」と事前に宣言したのもあって、スカパンクだけだと物足りないと思い、同じミニアルバムに入っている『さよなら世界』というスカの曲も作りました。

フロアがぐちゃぐちゃになって盛り上がるイメージで、そこから「チャンポン」というキーワードを中心に歌詞を組み立て、「世界をかき回し（＝シェイカー）、平和を作り出す（＝ピースメーカー）」というミニアルバム全体のコンセプトへと膨らませました。タイトルにある「斉唱戦線」という言葉は、音楽を使って国境を超えて平和のために戦う革命戦士たちのイメージです。

このように、1回のライブの光景から、曲やコンセプトのイメージへと発展していくケースもあります。

時代の空気を読んでリリースする

ゆるめるモ！は曲を褒めてくれる人もいるのですが、「ゆるめるモ！は曲が悪い」と批判する人もいます。それについて、ぼくはめちゃくちゃ理解出来ます。そう言う人が、何が足りないと感じているのかもよくわかります。もちろん、どの曲も自信を持って作っているし、良いものを作っている自負があるけれど、届いてない曲しか出せてない。それは事実ですから、世間的には「悪い」ということなんだと思います。だから、少しでも曲を届かせるために、リリースのタイミングや順番はよく考える必要があります。

曲によっては1年以上前に出来ていて、寝かしていたものもあります。時代のトレンドを聞いた感じだと、少し早いかなと思っていたものが去年よりは受け入れられるんじゃないか、前がわかりやすい曲なので次は冒険してもいいかな、という感じで毎回順番を熟考しています。

デビューしたての頃はあるものをとりあえず順番に次々と出していましたが、今は闇雲にやってもペースは落ちますし、立て続けに出してるようですが、実はかなり悩みながら決めているんです。

また、先ほど言ったように、YouTubeやサブスクで世界の人が聴くことを考えて、海外対策もしようとか、新たな角度からの工夫も考案中です。サビだけでも英詞にするとか、サウンドを海外のトレンドに寄せていくなど。楽曲は制作だけでなく、リリースの時期まで含めると考えることばかりなのです。

もし、ゆるめるモ！が自分のバンドだったら、自分で曲も詞も書きますし、どれだけ難解なものを作っても、自分がやりたいことをやっているんだと責任を負えるから良いんです。でもゆるめるモ！はバンドではないし自分で曲を作って演奏しているわけではないから、責任を追わせるわけにはいきません。そのためにも、結成当初のように、ただ曲をリリースしていくのは得策ではないと思います。

目指すは『世界に一つだけの花』

ぼくにとってこれからゆるめるモ！が出すべき、作るべき曲はというと、例を挙げるとするなら『世界に一つだけの花』だと思っています。音楽に詳しくないぼくの奥さんも、「本当に良い曲だよね」と言っているし、子供が合唱コンクールや音楽の授業とかで歌ったら、その後もずっと口ずさむような力のある曲です。こうした、身近な人の声を聞けば聞くほど、あらゆる人に届くすごい歌だなと思わされます。

いつかゆるめるモ！の曲を合唱コンクールで歌ってもらいたい。絶対に不可能ではないと思っているんです。広く届く曲と言うと抽象的ですが、具体的に言えば教科書に載るような曲。ぼくらが作る曲はそのくらいの気持ちを込めて作っています。

この章では、そうした曲をひとりでも多くに伝えるための、試行錯誤の様子を伝えさせていただきました。次はアイドルとして音楽ともう1つ重要になるライブについて見ていきます。1000人を超えると、これまでのライブとは大きくやり方を変えていかなくてはいけません。

第2章　キャパ1000人を超えてからの展開

撮影／後藤壮太郎

３００人と１０００人のライブは別世界

初期から状況が変わって、キャパが大きい会場や地方でライブをやるようになってからの曲の変化は前章で語った通りです。では、その曲を使ってのライブはどう変わったか？　という話をしていきたいと思います。

４００、５００人くらいの会場だと、ステージの熱はステージの勢いで後ろまで届きます。ただ、１０００人の箱になると、まずお客さんの熱が最前列と最後方では違いが生まれてきます。前方にいる人たちは、もしかしたら人生で初めてメンバーを見て興奮しきった人かもしれない。熱も最高潮です。

しかし、後ろの方は時間遅くの入場になってしまい、気持ちが上がりきらず見ているかもしれない。そういう後ろの方で見ている人たちとは、物理的な距離もあるので、ステージングだけではなく照明や映像、演出で補わなければいけなくなります。

３００人サイズの勢いだけのライブを１０００人の箱でやってしまうと、前のワーッと騒いでいる人やそれに煽られている自分たちは気づかないですが、冷静に見れば雑さも見えるし、聴かせる歌唱力も重要になってきます。

そこで、必要になってくるものの1つが「イヤモニ」です。イヤモニは主に無線を使ったイヤホンタイプのモニターのことです。以前からイヤモニを使いたいというメンバーからのリクエストはあったのですが、「酔拳ツアー」のWファイナル公演で初めて導入しました。アリーナクラスのアーティストやアイドルはだいたい耳につけていますよね。イヤモニだとメンバーも音を確認しやすいですし、苦手なメロディだとガイドメロディを流したりも可能ですし、段違いで歌が安定するようになります。

欠点は、やはりお金がかかるのと、練習が必要なこと。ぶっつけ本番は失敗すると聞いていたので、対バンライブやスタジオリハで何度か試してからワンマンに挑みました。中には合わないといってやめるアーティストもいるそうですが、アイドルはステージを駆け回ることもあり、モニターから聞こえる音が安定しないので、イヤモニは圧倒的に歌唱力を向上させます。

歌への気遣い、思い入れがより強くなるので、毎回使いたいのは山々なのですが、費用もかかるのでしばらくは大会場のみになりそうです。大きなライブや大事なライブではイヤモニの導入を強くおすすめします。

初心者に優しいライブフロアを

ライブの雰囲気作りも大切になってきます。キャパが増えると、当然昔と比べて客層が変わってきます。顕著なのは、アイドルのライブでは定番のコールやMIXが減ることです。対バンの組み合わせを見て、「今日は昔ながらのファンが多いだろうな」という日はコールが盛り上がります。しかし、Zeppクラスの会場になると、そういうお客さんは少数派になってきます。さらに、そうしたコールを見て疎外感を感じてしまう新規の方がいる可能性も否定出来ません。

ゆるめるモ！では、両者に共存してもらうため、未成年限定ライブをやったり、「ちょっと不安かモ！　エリア」というメンバー発案のスペースを作り、まだライブに慣れてない人たちにも楽しんでもらえるような工夫を行うようにしました。

もちろん昔からのコアなファンも大事にしていきたいとは思いますが、新規のファンとなかなか曲の好みが一致しないのも事実です。これは１０００人を超える規模のアイドルグループが、どこも抱える悩みやジレンマだと思います。古参の方は、昔の曲を聴きたいでしょうし、新規の方は知っている曲を聴きたいでしょう。

そこのバランスは常に気にしながらセットリストをメンバーたちと考えています。新曲で喜んでいる新規のファンを、古参の人たちはあたたかく支えてほしいと思っています。

そして、僕が出来ることは、新旧のファン関係なく、壁をぶち壊して、両者に問答無用で良いと思ってもらえる新曲を作っていくことです。

振り付けは表現か、煽りか

また、振り付けをはじめとしたメンバーのステージ上の動きも、後ろから見やすいように大きく改変する必要が出てきます。

アイドルの場合、振り付けは曲の表現であるわけですが、大会場になればなるほど、一体感を得るためのものとしての動きが重要になっていきます。もともとゆるめるモ！は、ダンスがすごく得意なグループというわけではありません。ただ、初期の曲を振り付けしてくれていたもねが卒業してからは、それまでの振り付けを残しつつも、一緒に盛り上がるような動きを取り入れる改変も行っています。

こう言うと難しく聞こえるかもしれませんが、最も簡単なのはサビで手を上げるような振り付けを入れることだと思います。動き的にも覚えやすく、またファンの方が真似してくれれば視覚的にも一体感を得られます。ポーズも恥ずかしいものではないので、新規の方もやりやすいですよね。

こうした振り付けは（振り付けと言うと語弊がありますが）、アイドルだけでなくいまやロックバンドも導入しています。ライブ会場が大きくなればなるほど、サビで一斉に手を上げたりする光景は普通に見ますし、それくらい簡単で大きな振り付けは大会場ほど効果的なのです。MAN WITH A MISSIONの『FLY AGAIN』などは、振り付けで盛り上がる曲の代名詞にもなっているくらいですから。

以前フジロックで筋肉少女帯を見た時、大槻ケンヂさんがMCで「何十年バンドをやってきてわかったことがある！　コール&レスポンスに勝る一体感はな〜い！」と言われていました。あれだけベテランで煽るスキルがある人でもそうなのです。アイドルも振り付けで一体感を生み出す必要があります。

その後、実際に『踊るダメ人間』でお客さん全員が手をバッテンにして飛んでいるところを見ると、たしかにフェスやアリーナクラスになると、これ以上の一体感を作れるものは振り付け以外にないな、と思ったのを覚えてます。

これら、人気のバンドやアーティストを参考にすれば、「一度ゆるめるモ！を見てみたい！」というライトなお客さんも楽しめるライブこそ目指したいと思います。会場の規模が大きくなればなるほど、ライト層にターゲットを絞っていくべきなのです。

ただ、ファンとみんなで行う振り付けを浸透させるのは、とても難しいという問題があります。曲中でお客さんと一緒にしたい振り付けや、コールアンドレスポンスは、浸透してしまえばあとは勝手に広まっていくだけで問題はありません。しかし、新曲として披露し始めた時は、当然みんな初見なので、しばらくはＭＣで説明しなくてはならず、その部分がメンバーやお客さんからも賛否両論なのです。

「レクチャーされると強制されているみたいでやりたくなくなる」という人もいれば、「初ライブだったたから、丁寧に説明してもらって最初から一緒に盛り上がれた」という真っ二つの意見が聞かれました。

色々と実験していき、今のところ良いかなと思っている手法は、まずぼくが開演前に説明するという方法。別にぼくである必要は全くないですが、ほかに人手もいないですし。プロデューサーが客前に出るのはあまり良くないと思っているので、近所のドンキで買った仮面をかぶってステージに立ち「こういう曲があるんで、こうやって踊ってください」と前説をしました。寒い空気は流れますがライブはまだ始まっていないので、ライブ中のMCでダンスを説明してライブの流れを止めずに済みます。

その延長でスクリーンがあるような大会場だったら、振り付け動画を開演前に流したらどう？　とメンバーから提案があり、Ｚｅｐｐでの酔拳ツアーWファイナル公演で試しました。あと事前にＹｏｕＴｕｂｅで流したりしても良いかもしれません。

自然とメンバーに合わせて一体感が生まれ、振り付けが広まっていくのがベストですが、今はまだまだ仕込んでおく必要は感じます。特に大会場ほど広まらない難しさもあり、悩まされています。

変化していく振り付け

先に書いた通り、振り付けに関しては、昔はメンバーのものねが担当していました。彼女が卒業して以降はさまざまな振付師さんにオファーしていて、曲によって先生を変えています。例えば、『天竺』はシアトリカルな演劇っぽいイメージなので、コンテンポラリーダンスが強い人にお願いしたい。そこで、ご自身もダンサーで、水曜日のカンパネラやamazarashiなどもやられてる川村美紀子さんに頼んだところ、これがばっちりとハマりました。

『モイモイ』は振り付けが非常に重要な曲だと思ったので、尊敬するJAGATARAのメンバーで振付師の南流石さんにお願いしました。数々の人気アーティストの振り付けをされていますが、特にPUFFYの簡単だけど特徴的で真似したくなるダンスが、ゆるめるモ！に合っているかなと思ったのです。皆が真似しやすい一体感のある振り付けを作っていただき、大きい会場だと本当にライブ映えする曲になりました。

その一方で、ステージ上はもっと自由にすべき、振り付けはいらないと思う時もあります。デビュー当初は、振り付けがないと全員ただボーッと立ってるだけになっていましたが、今はみんな振り付けなしでも表現出来るように成長してくれたからです。

そんな中で『NEW WAVE STAR』『ミュージック3、4分で終わっちまうよね』『デテコイ!』などはメンバーが振り付けまで考えています。ライブをやり慣れたメンバーの中から出てくる自然な振り付け、こういうダンスに縛られすぎないのも大会場でステージングを大きくみせるコツです。

ダイブ・モッシュ問題

前作が出たくらいからロック系のアイドルのライブ会場で問題視されてきたことに、ダイブやリフト、モッシュ問題があります。お客さんの上に乗って転がるダイブ、お客さん同士が担ぎ上げてアピールするリフト、お客さんたちがぶつかりあうモッシュ。これらについて2017年からメンバーによる注意喚起を発信してきましたが、ゆるめるモ!は2018年5月にリフトやダイブを正式に禁止しました。やはりお客さんが上に上がってしまうと、後ろにいるお客さんはステージが見えにくくなるので、特に後方との距離がある大会場では向いていません。

そして安全性。300人くらいのライブハウスなら、運営スタッフで危険な状態を止めようもあるのですが、1000人規模だとメンバーを守ることで精一杯で、お客さんの安全まで手が回らない。2度目のリキッドルームワンマンではお客さんのダイブ対策のスタッフが足りず、本当に危険な事態までは陥らなかったですが、一歩間違えば……という恐怖と常に戦っていました。

過去、バンドのライブでお客さんの事故が大問題になり、活動休止に追い込まれたグループはひとつやふたつではありません。何かが起こってからでは遅いので、ゆるめるモ！が活動を続けていくためにも、そこはご理解いただきたいところです。

そう言いながら、ぼくらはメンバーのダイブを許してしまっているので、説得力がないと言われるかもしれませんが……。彼女たちとお客さんの信頼関係があるから、黙認してしまっているというのがあります。

メンバーには常々危険だということは伝えているのですが、ライブでテンションがあがると、ついダイブをしてしまうとのこと。ぼくもダイブキャッチに入ることが多いですが、身を投げ出してでも受け止める覚悟でいます。

メンバーのこうしたダイブを止めるのに理想的な形は、会場が広くなり、ステージから客席の柵までの距離が遠く、自然と出来なくなることです。

もっと攻めたい全国ツアー

ゆるめるモ！は、デビューから比較的早いうちに東名阪ツアーをやっていました。メンバーが多かったので予算もかかりますが、地方のファンをつけておきたいと思っていたからです。とはいえ地方だとなかなか厳しい集客もあって、今でも地方都市まで細かく回れていないのが実情です。地方に住んでいて、ネットやテレビ番組を見ながら応援してくれてる人たちに会いに行きたいという気持ちは、メンバーは特に強いようです。

ぼくたちは無計画に地方ライブを行いましたが、こうした遠征はどの時期から行うのがベストなのでしょうか？

ゆるめるモ！を例にとってみると、デビューしてから最初の2～3年の頃は、地方へ行くたびに動員が2倍3倍と増えていきました。これは東京の動員が伸びていた時期と同じで、東京の集客と地方の集客は実は比例しています。ですから、同じ規模のライブハウスで活動を続けているアイドルグループにとっては地方ライブはリスクが高く、動員が上がり続けているタイミングで行うのが良いと言えます。

ぼくらが地方ライブを行った時に起こる不思議なことは、だいたい最近はいつも同じくらいの数のお客さんが集まるのですが、半分が「初めて来ました」という新しいお客さんなのです。つまり半分は毎回入れ替わってる。別の言い方をすれば半分減っているんですね。

ぼくらは全力でライブをやり、一度見たらまた見たくなるようなステージを毎回やっているつもりなのですが、やはりこうした状況を見ると「1回見られれば、もう大満足」

という層がいることがわかります。もちろん東京にもそういう人たちはいますが、地方に行くとより実感することが多い印象です。もしかしたら「正直ハマらなかった」みたいな人とかもいるかもしれませんが、それはぼくたちの力不足です。こうした1回見られれば満足という層をコアなファンにしていくのは、とても大変です。

そのため、地方のライブは、見せ方を増やしていく工夫が、東京のライブよりも必要になってくるわけです。前述しましたが、下地作りというやつです。ぼくが考えているのは地元密着バンドとのツーマンライブ。例を挙げると、名古屋のヒステリックパニックとはこれまでにも東京と名古屋でツーマンをやり「またやりましょう」という話もさせていただいています。地元の人が愛するバンドと回ることが出来れば、2回目に足を運んでくれるかもしれません。

他の地方都市でも、ぼくらと一緒にやってくれるバンドの人を常に探しています。なかなか実現に至らないこともありますが、このように、地方の方がリピーターになってくれる仕掛けをなるべく多く仕込みたいと思っています。

ライブハウス事情

ライブの話からは少し逸れますが、最近のライブハウス事情についても、ぼくのわかる範囲でお話しします。

まずは、大手アイドルの目標になる日本武道館。まだ一度もやれてない状況なのにぼくが語るのはお恥ずかしいのですが、武道館はビートルズ来日時代から、出演に至っての審査が非常に厳しいことで有名です。そのグループの動員はどれだけあるのか、公序良俗に反していないか。そのあたりをしっかりとクリアしないと難しいらしく、やはり武道館に立てるアイドルは限られてきます。

逆の意味でハードルが高いのが日比谷公会堂。いわゆる野音です。野音の出演権は芸能事務所やレコード会社、イベンターによる完全クジ引きの抽選で、応募が多いため当選率が低いです。「あのアーティストは毎年野音でやっているではないか」という突っ込みが聞こえてきますが、これも色んな会社で何口も応募しているから当選出来ているというわけです。
ぼくらも何度も抽選には挑んでいますが、当たったことはありません。逆に抽選に初めて挑んで当たるラッキーなケースもあると聞きますし、うらやましい限りです。野音は、いつかやってみたい箱のうちの1つです。

ホール会場は人気の箱です。当然音楽ライブだけをやる施設ではないので、例えば中野サンプラザなどの人気ホールは2年先まで予約で埋まっていると聞きます。ちなみに、ホール会場は、ライブをするための十分な設備がないため、機材の搬入などコストが跳ね上がります。そのため、2日間借りて制作費を少しでも安くするグループも多いです。ホール前に大きなトラックが停まっているところを見たことがある人もいるのではないでしょうか？

ゆるめるモ！でも、いつかホールツアーをやりたいとは考えています。それは、椅子があり家族が安心して見られる場所だから。ファミリー層にまで浸透したら、ホールでライブを行う時なのかなと思います。

一方でライブハウスは音楽をやる上で、これだけ適した場所はありません。音響設備も常設されていますし、身体1つで会場に行けばすぐにライブが出来る。また、恵比寿リキッドルームやZepp Tokyoなどグループ的に思い入れのあるライブハウスも多く、自然に気合いが入ることも多いです。

地方のライブハウスはアットホームな場所が多く、例えば札幌ペニーレーン24は、5代目店長で現在はシニアマネージャーの大槻正志さんが鍋を作り、出演者を出迎えてくれることで有名です。

知らない土地でのこうした歓迎はとても嬉しく安心しますし、またこのライブハウスを使いたいと思うきっかけになります。

日本のライブハウスは、とても恵まれた環境です。キャパは大から小までありますが、どれも音響が水準以上で、アイドルライブだとチケットノルマがないこともほとんどです。

前述のペニーレーンのように、スタッフの方々の人柄でライブハウスを選ぶのも良いですし、新宿Ｌｏｆｔなど歴史と伝統のあるライブハウスを選ぶのも良い。自分のグループに合うライブハウスを見つけてみてください。

グッズはまだ発展途上

アイドルの物販で大事なのはグッズです。ただ、ぼくらはグッズが売れてない方のグループです。色々なものを作っているように見えて、実際はしっかりと長期戦略を立てられないままに作っているだけだったりします。うちにはグッズのスペシャリストがいないので、ツアーの直前になりメンバーやマネージャーと「今度のグッズどうする？」みたいな感じで急いで作ることになっているのが現状です。グッズは大事だと認識している以上、これはまだまだぼくたちの課題です。

もちろんグッズは収益としても大きいというのもありますが、宣伝効果という側面もあります。

渡辺淳之介さんがＢｉＳ時代に発明した「ＩＤＯＬ」Ｔシャツのように、もはやアイコンと化したアイテムがあると本当に強いです。

ライブ会場だけでなく、プライベートでも着用出来て、街ですれ違ったら「お？」と共感を呼ぶアイテムですよね。ロゴがいい意味で独り歩きしてくれます。

ぼくらもＴシャツについては「派手な色は着にくい」「普段も着やすいもの」など、ファンの意見を聞いて作ってみてはいるのですが、結局はメンバーの顔の写真やイラストがついてないと売れない現実があります。普段づかいでシンプルなものは、希望として聞くわりに実際出すとあまり売れないものなのです。

また、推し色Ｔシャツも出せば売れるとは思うのですが、最近はメンバーカラーを打ち出してるグループは少し古く見られてしまう印象もあります。なので、最近はしばらく発売はしていないですが、これが正解なのかはわかりません。

一方で、アパレルとのコラボはグループを外で知ってもらう可能性を秘めています。

やはり、洋服デザインのプロですので、デザインもこちらに寄せてくれたり、素晴らしいアイデアをいただけます。

コラボグッズの中で、一番売れたのがサンリオとの「ポチャッコ」。もちろん、サンリオさんの知名度がもともとあったとはいえ、かわいいからリュックとかにつけたいという声がサンリオファン側からもありました。まさか、グッズにこうした宣伝効果があるとは、このことが起きるまでまったく気づいていませんでした。

我々のグッズ制作が弱いこともあり、やはりプロとタッグを組むのは、グループの広がりを考える上で正解なのです。

サンリオの例もあり、キャラクター化は色々と進めていきたいなと思っている中で、生まれたのが、今年の夏ツアー「SHAKER PEACEMAKER TOUR ～サマーチャンポンふさえ～」の「ふさえさん」です。最初は「サマーチャンポン」だけ先に決まっていて、それだけだとあまり砕けていないし、顔となる存在があったほうが良いかもね、ということで、人の名前で響きに特徴があるものを皆で検討して、「ふさえ」

が良さそうとなり、イラストのイメージを広げて「ふさえさん」が誕生しました。ちなみに、このツアータイトルから、『ふさえ』という曲まで生まれました。「ふさえさん」は、メイングッズにはさすがにしていないのですが、もし好評だったら今後なんらかの形にするのもありかなと思います。買った人がライブ会場以外に持っていって「何これ？」みたいなことから、口コミで独り歩きするくらいの話題になれば、ということを狙っています。

独自のグッズといえば、昔はカウベルとかも売っていました。曲と一緒にコンコン鳴らすためにです。アフリカの原始的宗教のお祭りのように、皆が打楽器を叩いて気持ち良くなってトランス状態になる光景を夢見ていたのですが、さすがに浸透はしませんでした。アンダーグラウンドの極みではあるのですが、ゆるめるモ！のライブでしか見れないものを作る、という意味ではお気に入りのグッズです。

プロ野球のジェット風船、巨人だとオレンジのタオル、ヤクルトなら傘、あと矢沢永吉さんのタオルといった、ゆるめるモ！ならではの大ヒット定番グッズを発明したいと日々模索中です。これもなかなか簡単なことではないんですが、頑張ります……。

YouTube世代にはMVは必須

ＭＶは結成当初から力を入れていました。デビューしてすぐに、ファーストシングル収録の『なつ　おん　ぶるー』をチープな出来ながらに作りましたし、『箱めるモ！』は企画的なミニアルバムにも関わらず『虎よ』『木曜アティチュード』『さよならばかちゃん』と収録曲の半分のＭＶを作りました。

最初の頃から、インディーズこそＭＶがないと広がらないだろうと直感していたからです。いくら小さなライブハウスで伝説になろうとも、そこに足を運べない人に届かないとたかが知れています。

だから、他のグループよりＭＶを作るペースは早く、作る量も多くなってきます。もともと、ぼくが曲のビジョンを広げていく時は、映像ありきでイメージすることが多く、全曲MVを作れるアイデアはあるのです。

若い子にとって、音楽はYouTubeで見る、それどころかYouTubeにあがっている曲しか知らない、というのが当たり前の時代です。だからYouTubeにあがっていない曲は乱暴な言い方をすると「この世に存在しない」も同然。そういう世代がどんどん歳をとっていくわけで、もしかしたら10年後、CDを買う人は……いないかもしれません。

だから、とにかくMVを作りYouTubeにあげていかないと、せっかく作ったものが「ない」ことになってしまう。こんな悲しいことはありません。

ただ、それで安っぽいものを作ってしまうと、「安っぽいし、インディーズアイドルってこんなもんだろ?」と早急に判断されてしまいかねません。低予算でも驚きに溢れたアイデアで良いものを作らなければ、という悩みに追い回されています。

ちなみに、MVは別の角度から捉えることも出来ます。幸い、ゆるめるモ!のメンバーは、個性が立った変な子ばかりなので、映像を通してキャラクターを出していけるという視点です。音楽だけで勝負しているような硬派なバンドとかだったら、なかなかキャラクターをＭＶに落とし込むのは難しいかもしれない。

そういうメンバーの個性を紹介出来るＭＶを撮ってくれる人はいないかなと思っていたところで、加藤マニ監督と出会うことが出来ました。マニさんの作風は、ちょっと温かくてコミカルで愛らしい。そういうテイストがゆるめるモ！にぴったりだったのです。

ぼくは最初の打ち合わせの時点で「この曲はこういう映像が面白いかなと思います」と要望を出すのですが、マニさんも自分からどんどん提案してくれる上に、世間ではこういう演出が流行っているとか、こういう手法は出尽くしているとか、メンバーにこれは合わないとか、予算的にこれは無理だとか意見をぶつけてくれるので、アイデアの種がどんどん良い方向に転がっていき、最初のイメージの予想を遥かに超える完成形になります。その後も、マニさんにはゆるめるモ！のＭＶを多数撮影していただくことになっていきます。

インディーズアイドルのMVは予算との闘い

マニさんとのMV制作で印象的だったのが元スーパーカーのナカコーさんに作編曲していただいた『もっとも美しいもの』。今まで一番過酷な撮影になりました。お金がないので、色々とコストカットをしていたら、必然的にスケジュールがハードになっていきます。これが全てのきっかけでした。

まず、マニさんから「夜の砂漠のシーンと昼の砂漠のシーンを撮りたい」と提案があり、静岡県浜松市の砂漠に行くことになりました。

かといって宿泊代は予算にないので、撮影を1日に収めないといけない。夜中に静岡に着いて、すぐに朝まで撮影をすることに。しかし、これが超がつくほどの極寒なのです。秋なのに氷点下のように寒く、しかもメンバーにワンピース1枚での撮影を強いることになってしまいます。ガタガタ震える中、撮影の時だけは歯を食いしばって頑張ってもらいました。

そして車内で1時間ほど仮眠した後、また午前中のうちから撮影を再開したのですが、今度はめちゃくちゃ暑い。砂漠は昼になると気温が上昇しまくるのです。ついにメンバーも隠していても表情に疲れが出てしまい、それでまた撮影が伸びていく悪循環。

全員なんとかやり通してくれましたが、本当につらかったみたいで、ちーぼうが「このグループはMVに力入れるグループなんだな、と思いました……」とため息混じりにつぶやいたのが印象的でした。

かと言って、予算は限られているので、ロケーションやタイムスケジュールなど、段取りや計画はしっかりするにこしたことはないという教訓をお伝えしておきます。

マニさん以外にも素敵な監督さん方とMVを作らせていただいています。珍しいのは『はみだしパラダイス』でいつもは曲を書いてくださるハシダカズマさんにMVを作っていただきました。実は、ハシダさんは映像畑で働いていて、VRかつインタラクティブっぽいものを作ってみたいというアイデアを提案していただいたことから始まり、YouTubeならではの全方向でストーリーが進み、視聴者が自分で展開を選ぶMVを作ることが出来ました。その手法では世界初の試みでした。
このように、グループやメンバーの個性を理解し、世間のトレンドを知る監督と出会うことが、良いMVを作る唯一の方法です。

ちなみに、お金がなく、監督から撮影・編集までぼくがやったのが『NEW WAVE STAR』。それまでまともに使ったこともなかったパソコンの編集ソフトを必死にいじって作りました。曲がトーキング・ヘッズをリスペクトしたものだったので、アフリカンな感じをイメージしています。映像もアフリカっぽさを出したかったのですが、動物の映像素材をリースするお金は当然ない。
だから、著作権が切れたパブリックドメインの古い映画のシーンを中にどんどん入れていきました。それでキリンとか水牛とか蛇とか虎を出して……。クオリティは低いですが、初期衝動溢れたものにはなったのではないでしょうか。

よく制作費が安いわりにウケが良かったものは何ですかと聞かれるのですが、ちゃんと作ったものの方が反応は良いです。「予算をかけたのにあんまり……」のケースは残念ながらありますけど。

アイドル活動において、一番予算のあるなしでクオリティが変わるのがＭＶだと思います。

楽曲制作でお金があれば、もちろん世界的なアーティストに発注することも出来ますが、高い楽器を使い高価なスタジオでレコーディングしたからといって、みんなが驚くようなすごい音が出るかというと、そうでもなかったりしますよね。もちろん良いにこしたことはないですがお金を倍かければ倍良くなるかというと、そうじゃない。

でも映像は、お金をかけるだけ良くなります。ただ、全てに同じ予算をかけるのは現実的ではありません。楽屋風景やライブ映像をうまく繋いだ雰囲気ものとか、曲によって予算の高低をつけていくべきです。そして予算を管理し、勝負曲のＭＶはお金を使って作ってみてください。

ＭＶを作っていくうちに気づいたことは、映像の世界でも理解しづらい、わからないシーンが多いと、数が伸びないということです。難解な印象が少しでもあると再生数は伸びません。

映像はバズりやすいコンテンツです。だからこそ、広がりを意識して、音楽を作る時以上にわかりやすさを心がけるべきと思います。

アイドルとしてのわかりやすさ

しかし、「アイドルとしてのわかりやすさ」がないのがゆるめるモ！の弱点です。同じＺｅｐｐワンマンクラスのアイドルのＹｏｕＴｕｂｅチャンネルを見ると、ゆるめるモ！よりも再生回数が高いのです。それはゆるめるモ！が「かわいい」を売りにしてない、それはすなわちアイドルとしてわかりにくいからくるものではないかと思います。

当然かわいくないように撮ったりはしていないのですが、あまり色気を出していません。また、他のアイドルと比べたらキャピキャピもしていません。そういうアイドルらしさを求める層は見ていないんだなと分析出来ます。音楽好きや、ゆるめるモ！のキャラクターが好きというファンが中心だと思われます。

同じＺｅｐｐクラスのアイドルグループが、水着のＭＶなどで何百万再生を叩き出しているのを見ると、これが出来ないからこそ別の方向で見る人を楽しませる作品にしていこうという思いが強くなります。

そうした「アイドルらしさ」は昔から悩んできた部分で、一般的なアイドルファンにゆるめるモ！はウケが悪いのではないか、という仮説をぼく自身が持っています。アイドルフェスでも、ぼくらが出ていくとどこかハマってない気が、ずっとつきまとっています。王道のアイドルの中だと、微妙に色物感があり、メンバーもどこか戸惑ってしまう立ち位置にあります。

そんな仮説があるのですが、可愛らしさを前面に出した『逃げない!!』は１００万再生を超えています。やはり「かわいいゆるめるモ！」を見たいファンが多いことは、数字上明白でもあるので葛藤を抱えています。

アイドルらしさのなさが、ゆるめるモ！の弱点と書きましたが、逆に言えばアイドルらしいグループでは、ぼくたちのようなＭＶだとマッチしない。そこはぼくたちの強みだと思います。

「アイドルらしさ」を今から伸ばそうとすると、これまでのゆるめるモ！の魅力と逆行してしまうでしょう。そんなポジションだからこそ、地道に良いＭＶを作り続けることが、広げるための最善手と信じて、今日もアイデアを練っています。

第3章　解散してしまうグループの共通点

撮影／後藤壮太郎

ゆるめるモ！の解散危機

試行錯誤の中、7年続いてきたゆるめるモ！ですが、実はこれまで解散の話は大小合わせれば何度も出ています。メンバーも自由にやっていると思われがちなゆるめるモ！ですが、外からはうまくいっているように見えても、中では実際はぐらぐらしていて、メンバーも不安と戦ってきています。まさに、首の皮一枚で、いろんな奇跡が積み重なり続いてきました。

初期の頃はとにかくがむしゃらにやるぞとメンバーも深く考えていなかったと思いますが、解散について最もリアルな話が出たのが、6人から4人にメンバーが減った時。もねとちーぼうが辞めた時です。

その時は「メジャーデビューするかも」という話があり、さらにグループとしてロックな方向にグッと舵を切ったタイミングでした。この方向転換で、自分の居場所がなくなるんじゃないかという迷いが出てしまい、2人はそれぞれの道を歩むことになりました。いわゆる「方向性の違い」です。

2人ともゆるめるモ！のアイドルらしい部分を特に担ってきてくれたメンバーでした。ボーカルもロック系の曲よりは、アイドルらしい曲で良さが発揮されるタイプです。

ちーぼうは、そもそもアイドルらしいアイドルのライブが好きな子で、ロックな方向性という引き出しがない子です。「どうやってかっこ良いわたしを出していけば良いんだろう」ということで悩ませてしまったのだと思います。ハロプロのような、THEアイドルが好きなのがちーぼうでした。そんな折、ちょうど姉妹グループのレッツポコポコ加入の話が出てきて、移籍することになりました。

もねは振り付けもやってくれていましたし、その能力を引き出せる場所、活かせる場所を求めて卒業していきました。

リキッドルームワンマン前後でゆいざらすとゆみこーんが抜けた時は、グループがひたすらがむしゃらに突っ走っていた時だったので、解散という話は出ませんでしたが、この6人から4人になった時ばかりはさすがに「どうする？　続ける？」とメンバーに直接聞きました。

ぼくらスタッフが続ける気があっても、ここで1人でも「無理です」と言ったら、それは考えなきゃいけない。無理を抱えながらの活動は絶対に良くないと判断し、みんなの気持ちを確認しておこうと思ったのです。

ここで聞けた言葉のおかげでゆるめるモ！は続くことになりました。

メンバーたちの答えは「続けたい」。

強い意思が全員から聞けたことで、ゆるめるモ！はまた、船を出発させることが出来たのです。

解散しないで続けることはとても大変ですが、解散させるべきではないというのはメンバー全員が思っているところだと思います。

しかし、ふとしたことで解散という言葉が話題にあがるのも事実ですし、どこのグループにもあることだと思います。ですので、そこから解散に至らないように踏ん張っていくことが大事だと思います。

メンバーのモチベーションを保つ方法

メンバーが多いと、卒業と加入が日常になるので、逆に解散という危機はなかなか訪れません。例えば、48グループなんかがそうですよね。解散という、グループの根底をひっくり返す事態まではなかなかいかない。

ただ4人というメンバー数だと、何かトラブルが起きると、どうしても解散も込みの考え方になってしまいます。みな常にモチベーションが同じではないので、士気が弱まってぐらぐらしてしまう時期もある。ひとりがぐらつくと、あとの3人にも影響を及ぼすこともあります。ただでさえ、最近は近しいグループの解散が多かったですから、話題に出ないわけがないし、メンバーも意識しないわけにはいかなかったでしょう。

前作でもメンバーの気持ちを切らさない方法については書きましたが、大切なのはひとりひとりの話をしっかり聞くこと。人の心には特効薬はなく、当たり前ですがこれしかありません。

そこがおろそかになると、女の子は自分に向きあってもらえてないと思ってしまい、自分がいる意味はなんだろう？　と悩んでしまいます。年頃の女の子なので他にも楽しいことがいっぱいあるわけですから、目移りもしてしまいます。

女の子は、自分がここにいる意味やメリットがあるかどうか、常に考えています。それを聞いて、説明してあげてください。

そんなことを偉そうに言いながら、実はぼくは最近そうしたメンバーの精神的なケアを以前ほど出来ていません。こうした、マネージャー業務の負担が大きすぎると、そこに時間をとられてしまいゆるめるモ！全体を前に進めるのが難しくなってしまうからです。

そのため、今ゆるめるモ！のスタッフは、ぼくが音楽制作を中心としたクリエイティブな活動をし、別にマネジメント部門が存在しています。活動の不満や生活の悩みなどは、まずそちらで相談出来るようにする。それで必要があればぼくも対応する形です。

もちろん音楽やライブについてはぼくが相談にのっています。

最初は、自分含めてスタッフ1~2人で全てを回していましたが、現在は総勢5人で対応するようにしています。それでメンバーとの距離が遠くなりもしません。ライブの時はぼくもほとんど毎回いるようにしてはいますから、今までと比べて単純に人数が増えただけです。


実は、ぼくは全体の設計図は書いて、船はこっちだよと導きはするけれど、実務的な業務はもうかなり手放していて、基本的に音楽プロデュースがメインになっています。

それに、活動当初からの方針ですが、ぼくが毎回現場であぁしなさいこうしなさいと指示し続けるのも違うと思っていたというのもあります。いつまでもそれをやっていると、人が育たないかなとも思いまして。理想は、ぼくがいなくても回る組織にしていくこと。ぼくよりもゆるめるモ！にふさわしい音楽を作れる人がいるならば、音楽プロデュースも任して良いと考えています。あくまでゆるめるモ！はメンバー優先の場所で、メンバーの居場所となるようにすべきだからです。

ぼくはライブや曲に関して具体的なアドバイスをそんなに言わない方ですし、曲の説明も大まかにはしますが、長い時間を割いて細かくはしません。メンバーたちから不満を言われることもあります。

「アドバイスしてほしい」「もっと怒ってほしい」などです。しかし、プロデューサーは次なる戦闘を見据えて遠くを見ていなければなりません。情報収集や、戦略と想像のシュミレーションは、外からはあまり見えませんが、本当に集中力と時間が必要です。

でもクリエイティブ部門のプロデューサーはそれで良いと思うのです。身近なことはマネージャーなど、メンバーにより近い距離にいるマネジメントのスタッフが管理すれば良いのです。

「大丈夫大丈夫」と言うモチベーターが大事

女の子の精神状態を安定させるために、そうしたマネジメントの仕組みも大事ですが、現場は当然それだけで回りません。

モチベーターみたいな子がメンバーの中にいるとかなり空気が変わります。

メンバーにいない場合は、プロデューサーでもマネージャーでもいいので、「大丈夫!」と言って女の子を安心させる人がいると、グループの活動は前向きに好転していきます。根拠や理屈なんて、なくても良いのです。

例えば、阪神タイガースは矢野監督になって以降、ベンチの空気が明るくなりました。「矢野ガッツ」と言われていますが、あれは矢野監督もこうした考えがあって、やっているんだろうなと思うのです。今の若い選手に伸び伸びやらせるために、とにかくガッツポーズをしたり、自分が率先して喜んだりする。

スポーツの世界ですらこうなのですから、感情を表に出さず、沈黙で語るような昭和の監督タイプだと、特に女の子は不安になっちゃいますよね。

女の子の周りは、高田純次さんみたいな楽しいおじさんが必要です。ライブ前やレコーディング前など、女の子はいつも緊張してナーバスにならざるを得ないもの。そこにバカなことを言う人がいるだけで、ほっとしてくれるのです。

女の子につきあって一緒に深刻に悩むお父さんより、呑気なお父さんの方が良いのです。

女の子の悩みは、具体的に考えたり、一緒に悩んでも解決するとは限りません。むしろ、解決しないことの方が多いです。

だから、悩みを解決をしようとするよりは、視野を広げるようなことを伝えるのも効果的です。1つの方向しか見えていないと、悩みが続きますが、別の方向を見れば、悩みが気にならなくなるかもしれません。

そうした声かけは常に心がけています。


そういう明るさや、視野が広がるようなことは、実はぼくなりに音楽に込めていて、底抜けに明るい要素を入れ込んだりしています。そういう音がたまにあると、空気がいい感じに落ち着きます。

ゆるめるモ！が感情的な曲ばかりやって、全曲涙を流しながら歌うグループだったら、メンバーもファンも精神的にきついのではないかと思います。そういう中に「バカだな〜。何も考えてないな〜」みたいな曲や音があると、どこか和らぐ気がするのです。

ぼくは以前から「破壊とゆるめるはイコールだ」と言っています。「ゆるめる」は肩を揉むみたいなことだけではなく、日本の壁だらけで窮屈な場所を、笑顔でバンバン破壊していくのも「ゆるめる」だと思っているのです。自分自身もジャンルやルールに窮屈な思いをしてきましたし、同じ思いをして苦しむ人もたくさんいると思うので、そういう人たちを解放したい。破壊もゆるめるも同じ。そんなメッセージもライブ中に放つことが出来れば良いですね。

新しいワクワクを常にメンバーに

メンバーのモチベーション維持の方法として、前作でも「小さいイベントを作っていくことでモチベーションを切らさない」という話をしましたが、そこについては今も変わっていないです。

小さいファーストワンマンから少し大きいセカンドワンマン、その合間にシングルをリリースして……という具合で常にイベントを切らさないようにしていく。

少し前までは、CDを売ってチャートに載り、ライブを行っていけば動員は倍々ゲームになるという神話がありました。しかし、今はそこまで勢いがあるグループはないと思います。デイリーオリコン1位、みたいな数字も昔に比べたら形骸化してしまっています。

数字で魅力を説明する考え方はもう消えていて、それはアイドル側も気づいているのかもしれません。オリコン1位やCDを何枚売るみたいな目標は、女の子たちのモチベーションに繋がらなくなってきています。

ワンマンライブ後にメンバーが脱退したり、下手をするとファーストワンマン前に辞めていき解散ワンマンみたいになっていくアイドルグループの光景をよく見ます。だからもう「売れていくぞ！」みたいなモチベーションの時代じゃないのかな、と思います。

これからは売れるよりも、大小関係なく次々と面白いことを発信すること。そして、それをメンバーたちが作り出していくことが大事だと思います。

本人にクリエイティブ的な部分がない子でも、目の前で次々と楽しいことや面白いことが起きればワクワクします。すると、自分のやりたいことが見えてくるかもしれません。

例えばコラボや対バンの相手を選ぶ時もそうです。ぼくの世代に響く人選をしていても、メンバーたちにはピンと来ないですし、何よりもメインのファン層からも外れてしまう。そうなってくると完全なミスマッチですし、ぼく自身も自分が知らないジャンルのものこそ、どんどん首を突っ込んでいこうと思っています。それでメンバーがワクワクすれば何よりです。

運営はこうしたきっかけをメンバーに次々と提示して、モチベーションに繋げていくべき時代に突入しました。

メンバーからすると、ぼくら運営について不満もたくさんあると思うのですが、次から次に新しいアイデアを持ってくる。この曲どう？　こういうＭＶ撮ろうよ！　こんなソロ仕事どう？　この人たちとコラボしてみない？　そのスピードが遅くなることはありません。そこにメンバーはワクワク感を感じ、これまで活動を続けてくれているのではないでしょうか。

こうした新しい仕事が短期的なモチベーションだとすると、長期的なモチベーションは「この先の景色を見てみたい」と思わせることです。

それは売れる景色ということではなく、自分がワクワクすることに関わっている、その中心に自分がいる、そしてワクワクすることを世の中に届けたい、という気持ちで活動してもらえること。そうした長期的なモチベーションを作るために、新しいアイデアによる短期的なモチベーションが必要なのは言うまでもありません。

数字の目標は限界があります。しかしワクワクの限界はないのです。数字の基準でワクワクするより、新しい世界を見てワクワクする方が楽しくないですか？

成功に向けたモチベーションを共有する

そのワクワクは楽しいことでなくても良いです。ワクワクの正体は、信念だったり、ポリシーだったりもします。

ゆるめるモ！はそういう部分の強みがあります。ぼくが「窮屈なものをゆるめたり退屈なものを破壊することで、世界の人たちを救いたい」という思いがあって、メンバーも共感してくれて、届ける意味があると感じてくれているところが、根っこのモチベーションになっているからです。「救いたい」と言葉にすると、ちょっとおこがましさも感じますが、本気でそう思ってしまっている。

根底に「届けるものがある」グループは強いです。目の前のお客さんを盛り上げよう、ライブで盛り上がる曲を作ろうだけでは、気持ちを強く持ち続けることは難しい。ビジョンの共有、思いの共有をしっかりさせないといけません。

細かい活動単位の不満はあったとしても、曲を届けるという思い、ぼくが音楽にこめている思想が共有出来ているからゆるめるモ！は続いているのだと思います。普段からガミガミチクチク言うよりも、ずっと意思の疎通が出来ているのではないでしょうか。

もちろん、ぼくもメンバーも「売れたい」気持ちはあります。

しかし、「何のために売れたいか」かの方が重要です。

それは「世界に考えを広く届けるために売れる必要がある」から。売れる先に見えるかもしれない景色があるから頑張れるのです。

なぜアイドルは解散するのか

前作をアイドル運営の方に読んでいただいて、実際多くのアイドルが誕生したと聞きます。それは本当に嬉しい話ですが、すごい数のアイドルが毎週、いや毎日のように解散・活動休止しています。

では、あらためて「なぜアイドルは解散するのか」ということを考えてみます。

やはり、世の中に何を届けたいかというのがあるかないか、ではないでしょうか。解散するグループとの違いはここに尽きます。

アイドル運営をずっとやってきて、曲を数曲聴いたらそのグループが何をしたいかだいたいわかるんです。そこに強烈な思いを感じるかどうか。感じるものが少ないグループは、すぐに解散していきました。

サウンドでも歌詞でも良いです。「世の中をこうしたい」「新しい音楽をやりたい」とか、そういうものがないグループは長続きしません。大きな目標があるからこそ、金銭的な問題やメンバー間のトラブルなどに直面した時に乗り越えられるからです。


曲を聴けば、その背後にもっと大きいアイデアや思いが控えているというのは、作る側だからわかります。これは、ファンの人も薄々感じるのではないでしょうか？

それがないことが見えてしまっては、ファンの人も応援する気にならないでしょうし、ぼくも「ああ、続かないだろうな」って思ってしまいます。

今アイドル受難の時代で、アイドル運営をずっと続けていくには、そうとうな情熱がないと難しくなっているのが現状です。特に、音楽的な面ではそう思います。素晴らしい音楽を届けているグループがたくさん出現するようになったからです。

思いを共有したチームを作る

もう1つ。運営が全てをやってしまうパターンです。

特に完璧主義の人ほど、全部自分でやってしまい、あっという間に仕事を抱え回らなくなります。それでグループが壊れていく。いつしかメンバーから不信感が生まれ、ある日突然「やめたいです」と言われてしまう。いくら曲や衣装が良くても、メンバーがいなくなっては何の意味もありません。

そのためにも、早いうちにスタッフを増やすのも大事です。最初はお金もないですし、ひとりやふたりでアイドルグループを管理するのが当たり前ですが、この状況をあまり長引かせてはいけません。特に「全部自分で見なきゃ」みたいなタイプの人ほど、誰かスタッフを早くつけたほうが良いです。役割分担はとても大切です。

自分がひとりで頑張ったところでぐちゃぐちゃにしてしまうくらいなら、「任せた！」と頼めるマネージャーにどんどん振っていった方が良いです。信頼出来る右腕が大事です。自分が実務型だと思ったら、クリエイティブなことが出来る人を早く見つければ良い。

人を使うことをしていかないと、グループは大きくなりません。アイドルは、メンバーはもちろんですが、プロデューサーやマネージャー、さらに曲や衣装を手がけてくれる外注スタッフも含めてチームです。だから、マネージャーも含めて楽しい仕事を任せていかないと、うまくいかないのです。「お前は知らなくて良いんだよ」と、自分の手伝いのような仕事ばかりを任せてしまうと、マネージャーのモチベーションは上がらない。それは、確実にチームの質を下げてしまいます。

だからメンバーだけを見すぎてスタッフがおろそかになってもだめ。スタッフもワクワクを世に届ける一員なのです。みんなが楽しいことをしているんだと思える環境作りも、プロデューサーの仕事と考えます。

マネージャーも若い子が多いので、他に楽しい仕事があればあっという間に離れてしまいます。

そうした事務所のスタッフだけでなく、ゆるめるモ！は音楽、歌詞、デザイン、映像、衣装など多くのプロフェッショナルな人たちの思いと愛に助けられています。外注スタッフもチームの一員です。

まとまっているチームというのは、グループに共感してくれている人の集まりです。毎日電話をして認識を一致させることはないですが、作るもので思いを伝えることが出来れば、信頼で結ばれたチームが完成していく。それが解散という事態を避ける一番の大きなポイントなのかもしれません。

第４章　アイドル運営を続ける意味と意義

撮影／後藤壮太郎

入れてもらえないロックの壁

ゆるめるモ！を始めて7年、もちろんアイドルというジャンルのおかげで恩恵を受けてきた部分も大きいですが、アイドルというジャンルに対する差別と偏見を感じてきた時間でもありました。

作りたての頃からフジロックに出たいと言っていて、フジロックはいつかの目標だとしても、他のロックフェスに出してくれないかと、多数のフェスにオファーを出しています。

「うちはアイドルを絶対に出さない」というフェスから、地方や新規のフェスまでメールを送りますが、反応はほぼありません。電話をしたり、会う機会があったとしても「お付き合いがないところはねえ」と取り付く島もないような状況です。

やはりアイドルというと、「自分たちで演奏していない」し、「曲も書いていない」。これがロックフェス側からするとネックなのかもしれません。

また、アイドルが音楽業界をダメにしたと思っているロックフェスの人も多く、アイドルに対してのアレルギー反応を強烈に感じたこともありました。

たとえ同じように演奏もせず曲も書かなかったとしても、デビューの入り口が「アーティスト」だとフェスに出してもらえて、出だしがアイドルだと一生アイドルとして扱われ続ける。この出自で決められてしまうのは、まだ自分たちの実力不足なのかもしれません。出自がアイドルでもフェスのステージに立つ人もいるわけですから。

今ゆるめるモ！は、アイドルというジャンルへの偏見を吹き飛ばすほどの動員と影響力をつけていかなくてはいけない段階にきています。勝てば官軍が通用する状況も多いので、まずは勝ちを目指さないといけない時もある。

いずれにしても、ロックフェスの壁はそうとうに高いものがあると実感しています。

まだまだラジオ局はアイドルに厳しい

他にも「アイドルだから出来ないこと」はあります。

ライブでいえば、あからさまにアイドルNGというライブハウスは減りましたが、イベンターでは「アイドルのライブ見たことないんだよね～」という人はまだまだいます。特に地方だとバンドばっかりやっているという方も多く、アイドルということでブッキングまで至らないことが多々あります。

なかなか入り込むのが大変です。

また、ラジオ局でも、大手で「アイドルはかけない」というところがいまだにあります。音楽だけ聴くとアイドルとは思えないような、どんな尖った楽曲をやっているグループでも「アイドルだから」という理由でかからない。悔しいですし、悲しいですが、そんな中で戦っていかないといけないのは事実です。

あと、これはアイドルだからというわけではありませんが、タイアップはインディーズだと非常に難しいです。アニメやドラマのオープニング・エンディングなんかは、ぼくらのような環境にいると、現状では夢のまた夢です。ごく稀に、作者の方が熱烈なファンだと、インディーズでもチャンスがあるみたいですが、そのようなミラクルはまだ起こせてはいません。

実は、深夜バラエティ番組の最後に数10秒かかるようなエンディングとか、ああいう規模のタイアップだとやり方もないわけじゃありません。しかし、やはり効果が薄いのが現状です。

このように、メジャーの力を借りないと辿り着けない仕事というのは存在します。大手事務所や大手レコード会社に入っていないと、その候補にも入れてもらえないという経験はこれまで何度もしてきました。

グループとして1000人規模の上にいくためには、メジャーレコード会社に行くのは1つの方法です。いや、特にゆるめるモ！のように、プロモーションが弱いグループこそ、積極的にメジャーの力を借りていくべきなのかもしれません。

芸能とコミットしやすいのがアイドル

逆にアイドルであったことのメリットも当然あります。テレビをはじめとした「芸能」の世界と絡みやすいことです。

例えば、ロンドンブーツ1号2号の田村淳さん司会の『アイドル　New　Year　サミット　２０１６』というフジテレビの番組に呼んでいただいて、そこで淳さんがあのを面白がってくれたのはその後広がるきっかけの1つになりました。

その番組はＴＩＦ主催のフジテレビがアイドルとイベントを盛り上げようという趣旨で、80人以上のアイドルが出演。でんぱ組．ｉｎｃさんや℃－ｕｔｅさんといった面々が出る中で、ゆるめるモ！にも声がかかるくらい幅広いグループが集められていました。

そのフリートークで、しふぉんがうまいことあのの話をして、本人に注目させたんですね。台本もしっかりある中そんなトークをする予定はなかったので、本当にラッキーでした。

そのおかげで、その後も淳さんのバンド・ｊｅａｌｋｂと対バンをしたり、イベントに呼んでもらいました。これはバンドやアーティストだったら、なかなか起こりにくい展開かなと思います。

この淳さんの番組だったり、『新ｓｈｏｃｋ感』だったり、ゆるめるモ！はアイドルのど真ん中ではないですが、アイドルの中ではバラエティ番組と相性が良いグループなのかもしれません。

すごく面白い喋りが出来るわけじゃないけれど、アイドルの中ではアイドルらしくなくて、かわいいだけじゃない。

ゆるめるモ！イコール「いわゆるアイドルキャラじゃない」というキャラが立っていて、そこがバラエティ的な世界からは受け入れられやすいのかもしれないです。もちろん、トークのスキルなどはもっと上げていかないといけませんが。

邦ロックシーンと芸能界。このふたつはゆるめるモ！がさらなるお客さんを得るために通りたい道のりです。

前者は正直難航してますが、芸能界はあと一歩二歩と踏み込んでいきたいところです。最近はゴールデンボンバーやヤバイTシャツ屋さんなど、バンドマンも個性が飛び抜けていればバラエティからも呼ばれる時代ですから。

もっと芸能タレント的な方向に行きたいと思ってるわけではなく、音楽を広めていくためにもその影響力はお借り出来ればと考えています。

各メディアとの付き合い方

一方で、雑誌の影響力は本当に小さくなってしまいました。一時期、音楽誌などにインタビューをしてもらったり、広告を載せたこともありましたが、プロモーションに繋がっているとは言い難いです。
しかし、テレビとは違い、写真をきれいに撮ってもらったり、原稿のチェックが出来たりと、グループをブランディングする上では素晴らしい媒体です。

最近はネットも無視出来ないメディアです。もしかしたら、テレビよりも影響力が強いかもしれません。しかし、ネットで話題になったからヒットするかというと、これまた別の話なのです。
本題とずれるので割愛しますが、ネットのみからヒットを生むためには、ネットでバズりそれが他のメディアにも広がるなどの、二次爆発が必要になるので、想像以上に難しいです。

テレビ、雑誌、ネット。各メディアの特色を把握して、付き合っていきたいと考えています。

何万人も同時に繋がれる音楽

このようにメリットデメリットがありましたが、色々なアイデアが溢れていたぼくにとって「アイドル」を選んだのは正解でした。歌も映像もビジュアルもお笑いも……本当に色々なアイデアがありすぎて時間が足りないんですよね。

しかし、すべての根っこである「メッセージを届ける」という意味では、音楽や歌こそがベストだと思っています。会場に10万人を集めて、それを発信出来るジャンルというと何か？

やはり歌しかありません。しかも同時にみんなで体を動かして楽しむことが出来る。特別な装備や準備もいらず、手ぶらでいい。たった3、4分で、人の人生を変えることも出来る。人類の中で、音楽は最大の発明だと思います。

この十数年で、テレビの音楽番組は衰退し、お笑い番組が増えましたが、音楽フェスは逆に増えました。そしてお笑いというのは劇場で見ることは出来ても、大型イベントには向いていません。大型のお笑いフェスも一時生まれましたが、続きませんでした。結局後ろの人は大型モニタで見る形になり、テレビで見るのと変わらなくなってしまいました。

最近だとＹｏｕＴｕｂｅｒが売れてくると、だいたいステージで歌うようになります。古くはニコニコ動画もステージで歌を届けられるボカロＰが最も遠くまでリーチしました。チケットを売ったりグッズを売ったりというビジネスとしてもそうですが、歌というのが最も広く大きく届けることが出来るのは間違いありません。

ゆるめるモ！がライブ活動を続けながら、より音楽を聞いてもらうためにテレビや映画にも出るというのは、何度も言いますが「音楽でいま窮屈な思いしている人たちを救う」という思いがあるからです。それは最初から変わっていないですし、全ては音楽に繋がります。音楽ならメッセージを届けられると信じているからです。

時代の窮屈さも変わってきている

ただ、そのメッセージも最初の頃からすると少し変わっています。「つらくなったら逃げて良いんだよ」という思いは変わってない。伝えたい層が変わりました。

そのきっかけは、「ぼくにとって窮屈に思える世の中を、みんなが窮屈に感じているわけではない」と気づいたことです。

今の子供たちは、昔に比べてゆったりしていて、親への反抗も少ないし、校則の縛りも減ってきています。

若い頃からすごく自由を体感出来る時代になる一方で、そんな中で自分なりの刺激を見つけられない子とか作れない子、退屈してしまってる子が増えてきた。その子たちにゆるめるモ！という存在で、刺激を与えて救ってあげたいと思うように変化しました。

少数派の中でもやもやしている子や、壁の中で閉じこもってしまっている子の邪魔になっているものを壊したい、ゆるめたい。その子がぶちあたっている壁を壊して、世界は広いんだよってことを伝えたいと思っているのです。君のいる教室やパソコンの中だけが世界じゃない。世の中は面白いし、人間って面白い。そういうことを届けられたら良いなと思っています。

自分の思いを声に出せない人や、小さい声に寄り添うようなグループでありたい。追い詰められて自殺してしまった、みたいなニュースを見るたびに、ぼくたちの「逃げなさい」というメッセージを持った曲が届いていれば、結果は少し違ったのかなと思ってしまうからです。

去年『命あってのものだね』という曲を書きました。もともとは「何より命がないと何も始まらないよね」ということわざなのですが、ストレートすぎて嫌な人もいるだろうという思いもありました。しかし、こういう直球な表現が届く人たちもいるかもしれない。今までピンと来なかった人に気づいてもらうきっかけになるかもしれない。たとえ届く人数が少なかったとしても、届く人が1人でもいる以上はその曲の生まれた存在意義がある。

そう考えれば、メッセージをわかりやすくして世に出す意味があると思うのです。

繰り返しになりますが、ゆるめるモ！を始めた時から、根底のメッセージは変わっていません。色々な人に届けるために、ロックっぽくしたり、メッセージを突っ張った感じにしてみたり、優しい音触りにしてみたり、キーワードを変えてみたり。様々なやり方を試すことで、ピンとくる人もいるだろうなと思って挑戦し続けています。

事件が起きる前にゆるめるモ！が救いたい

今毎月のように心を追い詰められた人が凶行に及ぶ事件が起きています。苦しんでいる人のニュースが出るたびに、こんなことが起きる前にその人の心を救うことが出来なかったのかと自問自答して胸が苦しくなる自分がいます。

ゆるめるモ！のやることは山積みです。でも、悔しいことにまだ影響力がない。

イチロー選手が引退記者会見の締めの言葉で「つらいこと、しんどいことから逃げたいというのは当然のことなんですけど、でもエネルギーのある元気のある時にそれに立ち向かっていく。そのことはすごく人として重要なことではないかと感じています」と言っていました。

この言葉に勇気を得たという人はいっぱいいたと思います。やはりイチロー選手みたいな影響力がある方が言うと広く届くんです。

しかし、ゆるめるモ！に救われたと言ってくれるファンの方も少なからずいます。それは、きっとぼく以上にメンバーが感じているはずです。それはファンの方から手紙でそういう内容のものがたくさん届いているからです。

「メンバーが頑張っているから、わたしも頑張れるし、バイトを始めました」。そういうメッセージをもらうことが本当に多い。これは、もしかしたら他のグループではなかなか体験出来ないことかもしれません。

やっていることは間違えてはいない。そう確信させてくれるのが、こういったファンの方の反応です。

前章にも書きましたが、地方へ行くと動員が変わらないのに毎回若い子が来てくれます。もちろん気持ちとしては定着してほしいですが、一瞬でもその子を救えたかもしれない。苦しかった時期を励ませたかもしれない。

去年ライブに来てくれた子は、もうゆるめるモ！のことを忘れているかもしれないけど、それでも良い。

こうして、少しでも我々のメッセージを届け、少しでも多くの人を救っていくのが、アイドル運営を続けている意味と意義です。

唯一の初期メンバー・けちょん

最後に、ゆるめるモ！を語る上で欠かせないメンバーについてです。

4人それぞれの成長した部分を振り返っていきます。

まずはけちょん。性格がのんびり屋さんなので、あまり皆を引っ張る感じではありません。しかし、そこにいるだけでみんながホッとする存在です。ぼくは昔から「布団」という表現を使っていますが、けちょんという布団がそこにあるだけでみんなが安心して眠くなってしまう。

感情もあまり出さないけれど、うちに秘めているものは強いタイプで、色んなメッセージを本人なりに出しています。

けちょんは押しよりも引きのタイプなので、4人が並ぶと最初に目が行くのはけちょん以外のメンバーかもしれません。ライブだと、他の3人が破天荒な感じでどんどん攻めていって、気づいたらステージにはけちょんしかいないみたいなこともありました。どうしても、3人の誰かからゆるめるモ！のファンになる人が多くなるのですが、ファンを続けていくうちにだんだんけちょんの良さがわかってくる。

けちょんの中でも悩んだことはいっぱいあったと思います。今も悩んでいるのかもしれない。でも後になって魅力に気づかれるというのは、こんな理想的な愛され方はありません。

最近は外からのオファーが増えてきて、絵本を出したり、演技をしたりと、ソロ仕事が目立ってきました。特にお芝居をやったら評判がよく、その後も別のお芝居や映画に立て続けに呼ばれているんですよね。

独特のエキゾチックな感じとか、他の人にない妙な雰囲気や色気に需要があるんだと思います。

本人はこの先「ゆるめるモ！を最初から見ていた身として最後まで見届けたい」と言っています。

ぼくは「けちょんはゆるめるモ！に最初からいたことが才能だよ」とよく言うんです。それは運もあるし、こんな珍しいグループに最初からい続けたことは、けちょんが引き寄せたものだし、残ったけちょんの力。後から入ったメンバーは誰も得ることが出来ない才能です。これからもけちょんにしか味わえない体験をしていってほしいです。

いまやゆるめるモ！の柱です。

トークの安定感！　しふぉん

しふぉんは加入した時からトークが圧倒的に伸びました。周りをよく見ていて気遣いが出来る子です。ライブ中の煽りも、ＭＣがうまいのもそうした周りへの配慮があるからこそ。

本人が邦ロック好きなので、ステージではそういう系統のアプローチが出来て、ストレートに元気いっぱい。それにしふぉんの安定感あるステージングがあるからこそ、他のメンバーが多少無茶に飛び出しても大丈夫というのは、ゆるめるモ！のライブを見ていただいた方はわかっていただけるんじゃないかな。

しふぉんは他のメンバーがみんな変人な中で、普通の感性を持っています。言っていることも等身大のメッセージなので、ゆるめるモ！ファンの入り口になることもあるし、辿り着いてしふぉんに落ち着く人もいる。

　最初の頃は、縦ノリは得意でも横ノリに慣れなかったり、苦労もしたと思います。もともと音程をつかむことに時間がかかる子で、レコーディングの時間もかかっていましたが、最近は飲み込むスピードも早くなりましたし、こちらが驚くほど突き抜けたものを提示してくる。歌という意味で最も伸びたのはしふぉんじゃないでしょうか。根が素直でまっすぐというのもありますが、陽な表情を出させるとグループ内でダントツです。昔は横ノリの曲とかを踊らせると滑らかさを出すのに苦労していましたが、今ではしっかりリズムが取れるようになって、ラップも上手くなりました。きっと見えないところで、人一倍努力を重ねていたのでしょう。

　8人時代は人数が多すぎて、自分が喋って良いか、どこまで前に出て良いかわからなかったと思いますけど、4人になって最も自信をつけてくれたメンバーです。

ソロ活動も充実のようなぴ

ようなぴはみなさん外から見ていてもおわかりな通り多才な子なので、音楽・美術・ファッション、どんどん新しいことを始めて、自分の世界を広げています。良い意味でガツガツしてるので、自分ひとりで営業も出来ますし、仕事をとってきたりもします。その中でも、自分の世界観を崩さず作れていて、自己プロデュース力は非常に高いです。とても社交的なので、バックステージで初めてお会いしたグループに話しかけて繋がるのも上手。もはや、スタッフ的な役割までも貢献の範囲を広げてくれています。グッズなどのビジュアルについても、やはり美大出身の目線で、クリエイティブで鋭い意見を出してくれます。最近は衣装とか、ぼくはほとんど細かい部分はタッチせず、大まかなイメージだけを伝えて、ようなぴをはじめ4人に任せています。

最初は本人もどうやって自分を表現して良いのか悩んでいたところもありましたが、髪の毛を派手にしたり、積極的にステージで話すようになってきたあたりから、自分の目立たせ方がわかってきたように感じています。

また、ソロ活動をやったりDJをやったりと、彼女の良いところは「出来なくてもやる、やってみる」というところです。そこからとりあえず形を作って、走りながらうまくなっていけば良い。DJなんてまさにそうでしたね。グイグイ進められる前向きさは、世の中で仕事をする多くの人々が見習うべき部分かなと思います。ぼく自身も、考える前にまずは手を動かしてやってみることの大切さを知っているので、そんな彼女の部分はとても重宝しています。

ゆるめるモ！をやりながら、自分でもソロ活動が出来ていることで、楽しいことを2倍に出来ていますし、手を広げれば広げるほど、色んなことがうまく回っていくタイプですね。

ゆるめるモ！の外も中も、安心して任せられる存在です。

世界が一変したあの

前作の頃から最も状況が変わったのはあのです。映画、テレビ、モデル、写真集とソロ仕事のオファーの多さもすごいですが、ファンから受ける期待の量もどんどん増えています。

実は、本人は表には絶対に見せようとはしませんが、世間から見えている以上にとても頑張っています。心身健康ではないので、コントロールが全く出来ない時もあるのですが、そんな状態でも映画に主演したり、自分でイベントをやったりして戦っている姿を見ると、すごく成長を感じます。

ソロ活動についても、全部ゆるめるモ！に返すためにと考えている子です。とはいえ、もうぼくとも見ている景色が違っていて、映画やドラマ出演というところから見える世界、その戦場のすさまじさはぼくには想像出来ないです。

38万人のフォロワーがいて、ひとことツイートするたびにいいね！もつくけどアンチも襲いかかってくる。あの細い体で一斉に弾に当たっている姿を見ると、ぼくらの責任はでかいぞと思います。
もっと良い事務所で、もっと大きいグループにもしあのがいたらどれだけ売れていたんだろうなと申し訳なさも感じます。ゆるめるモ！との出会いで、救われたところもあれば、逆に窮屈に感じている部分もあると思います。

彼女がゆるめるモ！のために頑張っているのは、ひきこもりだった自分を救ってくれたグループへの恩返しという理由も最初はあったかもしれません。
しかし、ゆるめるモ！のメッセージを、彼女自身の言葉でお客さんに伝えている姿を見ると、「メッセージを届けるためにグループを大きくしたい」という理由に変化したように見えてきます。

自分もあののそんな姿を見ながら、もっと売れなくてはならないと気を引き締める毎日です。

コンセプトではなくメッセージ

前作を書いた頃に比べると、アイドル界全体もゆるめるモ！の状況も大きく変わりました。前作では「楽しい音楽とかわいい女の子がいれば…」と言っていましたが、当時ほど楽観的な視線で見れなくなったところは正直あります。

アイドル業界全部を見られているわけじゃないですが、悲劇的な話も耳にしてしまいます。そういう話を聞くたびに、やりきれない無念や怒りを感じてしまいます。

アイドルが増えてほしいという気持ちから、責任を感じて運営をしてほしいという思いに変わってきました。

もう1つ変わったことが、コンセプトについてです。

前作では、コンセプトを作ることが大事と言っていました。ゆるめるモ！は「逃げる」をコンセプトにして始動したわけですが、活動を続けていくうちにコンセプトがメッセージへと変わっていったのです。

他のグループとゆるめるモ！の最大の違いが何か考えてみると、「メッセージを届けたい」という気持ち。グループ全体を一貫するメッセージを持っている唯一のアイドルだと思います。

普通のグループだと「コンセプト」と言うのかもしれません。しかし、我々はこのメッセージを大切にして活動を続けてきました。

コンセプトよりもメッセージ。あなたが作りたい世界をいち早くアイドルと共有することが、団結したアイドルグループの誕生に繋がります。

音楽だけでなく、この本でもゆるめるモ！のメッセージが伝わってくれれば幸いです。

第5章　ゆるめるモ！メンバー座談会

撮影／クラタマコト

アイドル運営の本ということで、これまでプロデューサーの田家氏の話を聞いてきました。

では、プロデュースされる側のアイドルはどのように感じていたのでしょうか？

さらに、メンバー本人がアイドルをプロデュースするならどんなグループにしたい？

また、今後のことについても語ってもらいました。

こういう変な人が売れるアイドルをプロデュースするんだな

――あらためて今の４人にうかがいたいんですが、田家プロデューサーと最初に会った時って覚えていますか？

しふぉん　「この人はちゃんとした大人なのか？」ってのが第一印象でしたね。わたしがけっこうちゃんと大学に通って、歯科助手をしながら普通な生活を送ってたりと、それまでずっとかっちりした大人に囲まれてたんです。そしたら冬でも半袖半ズボンのおじさんがいるのか！　ってのがまず驚きで。「新種の大人だ！」みたいな（笑）。

けちょん　パッと見から変だったよね。服も変だし、揺れてるし、喋り方も変。

ようなぴ　オーディションで見た時は、アイドルの運営をやってそうな人には見えなかったんですよね。若干疑いながら会ってました。

あの　一番最初に会った頃は、あんまり人の顔とか見れなくって。ほんとに雰囲気でしか覚えてないんですけど、でもなんか、今まであんま会ったことない人だな、とは思いました。

——プロデューサーということで、これからお世話になるわけですけど「この人信用出来る」みたいな雰囲気はありましたか？

あの　いや、「信用出来るなあ」はまったく……。

けちょん　信用ってわかんないですね。なんかこの変な雰囲気に「慣れた」って感じです（笑）。

ようなぴ　信用かあ……。本人を目の前にしては言いづらいですけど、ちゃんとしてるという印象を持ったことはない！　うふふ。

——信用出来そうでついていったわけではない（笑）。

しふぉん　そうなんですよね。でもなんか、勝手なイメージですけど、ももクロの川上さん（プロデューサー）もちょっとズレてるというか、ちゃんとしたふうに見えなくもないから「こういう人が売れるアイドルをプロデュースするんだな」みたいなイメージがあったので、意外とすっと納得したんですよね。

――変人だけどこういう人がすごいこと成し遂げるんだ、みたいな。

しふぉん　そうなんです。だからそんなに違和感はなかったですね。

――じゃあ、ゆるめるモ！に入ろうと思った決め手はなんだったんですか？

ようなぴ　「この人なら大丈夫そう」みたいなので入ったわけじゃなくて、なんかゆるめるモ！ってアイドルをツイッターでたまたま発見して、募集要項みたいなの見た時に、「あ、なんかここのグループは面白そうだな」というか、今まで見てきたアイドルの型にはまってない感じが、なんか新しいものが生まれそうって可能性をすごく感じてたので。不安とかはわりと無視って感じです。楽しいことが出来そうだなって。

――期待値は高かった。

ようなぴ　そうですね！　新しい可能性に対する期待のほうが大きかったので、飛び込んでみようって。「入ってみてダメだってなったら辞めれば良い」くらいの気持ちで入りました。

田家Pの音楽は目先ではなく、メッセージが込められている

――あのちゃんは、入りたいと思ったきっかけは?

あの　うーん……。なんか、すごい熱烈に「ゆるめるモ!に入ってほしい」って言ってくれて。自分もやることなくて、なんかあんまり怖いものとかがなかったんで。ちょっと面白そうだなと思ったのもあったし。うん。

――心配や不安はなかったですか?

あの　ゆるめるモ!入ってみて、不安は常にあったんです。でもあんまり学校行ってないとか、自分がこんなっていうのは、なんか理解してくれて。それでも大丈夫というか、あんまりああしろこうしろって言われなかったから、そういう意味では大丈夫そうだなと思いました。

けちょん　最初の頃は、たぶん怖いとか心配とかなかったんですよね。あるにはあったけど、田舎者すぎて恐怖感というのがあんまりわかんないんですよ（笑）。どうなってくというのも想像出来なかった。わたしが考えなさすぎたのかなー。

――ようなぴさんは田家さんに信頼を置けてきたタイミングとかあります？

ようなぴ　何だろう。やっていることはいつもめちゃくちゃだし、普段一緒にいてもクレイジーだなと感じることばかりなんですけど、やろうとしてることの無謀さに対して本気なところとか、作っている音楽がとても好きなので、曲や面白いことを作れる人であるという信頼はすごくありますね。やっぱり、根っからの変な人であるからこそ、他の人にはない発想が出来るんだなと。

――作ってくる音楽に対して信用は出来た。

ようなぴ　それは大きいですね。目先の為だけの音楽ではなくて、ちゃんと世界や社会、目の前の人へのメッセージも込めて作られているので、そこに共感して続けています。

しふぉん　音楽や詞を通して信頼出来ていったところはありますね。小林愛さんが書いてる歌詞も、最初は田家さんがテーマみたいなのを持って依頼してるわけじゃないですか。田家さんって人は、ホントに共感出来る歌詞っていうか、万人受けではないかもしれないんだけど、弱い者や世間の端っこにいるような人に寄り添う歌詞を小林さんを通して作れるんですよ。自分もそっち側だって気持ちがあったので、そこで信頼置けるなって思いました。

――そう思ってきたのは活動を始めてどれくらいからですか?

しふぉん　えっ、正直めっちゃ最近というか……。

――そうなんですね(笑)。

しふぉん　ちょっと前ですよ。6人から4人になった頃。そこらへんからかな、意識とかちゃんとし始めたのは。「歌詞良いなー」と思ってたのは最初からですけど、「ちゃんと理解して飲み込んで自分のものにする」っていうのは、4人になるちょっと前ぐらい。ほんと最近ですよね。

――それは何かきっかけみたいなのがあったんですか?

しふぉん　正直6人でいる時は、もうみんなに甘えていた部分もあったし、とにかく「与えられたものをやる」みたいな感じで、受け身だったと思うんです。でも4人になったらそうもいかない状況に追い込まれて。「4人全員がしっかりやっていかないと、このグループは潰れてしまう」っていう話もして。そこから変わりましたね。「自分がゆるめるモ！だ！」みたいな。今までは「ゆるめるモ！にいる人」ってちょっと弱い感じだったんですけど、自分がゆるめるモ！だっていう意識がはっきりし始めたんです。

田家Pでなければたぶんすぐ逃げるし、やめろって言われてたた

――では最初の頃に比べて、田家さんって変わりました？

しふぉん　変わったなあ。前は、ちょっと距離のあるプロデューサーって思ってました。一緒に行動したりはしてるんですけど。今は一緒にセトリ考えたりとかもするようになったし、プレイヤーの一部に感じていて。5人でゆるめるモ！というチーム感みたいな

のが増したと思っています。

——そうなんですね。６人の頃から近いのかと思ってたけど、今のほうが近い？

しふぉん　なんだろう……近かったのは近かったんですけど、物理的な近さは特に変わっていなくて、気持ち的なもの、意思疎通の部分ですね。セトリなんかもそうですけど、与えられたものでなくて自分たちも一緒に考えるというのをやってきているので、そういう部分でチーム感が増したかな。

——今はもっとみんなで作ってる感じに。

しふぉん　前は田家さんが曲を持ってきました、それに私たちが「なるほど、いいね」みたいな感じだったと思います。それが今は自分たちに良い意味でこだわりが出てきたっていうか、自我みたいなのも出てきたので。

——なるほどね。でもそれはある意味、４人が田家さん側に寄ったっていう感じかもしれないですね。田家さんが変わったというよりは。

しふぉん　確かに！　そうなのかー。田家さんは変わってないと思います、そしたら（笑）。

——ははは！

あの　田家さん自身は別に、あんまり（変わってない）。音楽作るってなった時に、どんどん新しいもの作ったり、なんか、色々変えてかなきゃいけない部分で変えてるっていうか、変わってる部分も多少あるかなとは思ったけど。あんま性格とかは（変わってない）。

――「あのちゃんと田家さん」の関係性は変わってきたりしてます？

あの　関係性……。もともと、世の中でいうプロデューサーとメンバーっていう関係ではないなって思います。街中でケンカしたり、殴り合いみたいなのとか、ホントに取っ組み合いみたいな、楽屋でなんか怒鳴り合ったりとかが日常茶飯事っていうか、ライブで毎回あったから、あんまプロデューサーとメンバーって感覚がない感じでした。

――なんでケンカするほど揉めたんですか？

あの　ライブの感じとか、あとは勝手に自分の、気がおかしくなってるのを止めてくれたりとか。でもその分ぶつかり合ってたから、何も隠さずぼくもいれたかなって思います。

――それはやっぱり田家さんだったからぶつかれたっていうのもありますか？

あの　たぶん他のプロデューサーとか、他の大人じゃ絶対無理だと思いますね。たぶんすぐ逃げるし、辞めろって言われてたと思います。

田家Pと会って人目を気にしなくなったんです

——けちょんさんは、田家さんの変化って何か感じたりします？　一番最初からいるわけですけど。

けちょん　なんだろー？　常に突っ走ってるイメージがあるな。昔も今も、ガンガンって感じ。あんまり落ち着いたとかはないかも。なんか変わらないでいてくれる人って感じ。

——変化なし。そういう意味では安心出来る。

けちょん　うーん、安心かはわからない（笑）。

——ようなぴさんから見てどうでしょう？

ようなぴ　田家さんの変化……なんだろう……田家さんの変化は、ちょっと大人な感覚も出てきた。

——変わらない中にも成熟しましたか。

ようなぴ　私が入った頃のほうが、色々無茶をしてたかも。その分心配なことも多かったけど。今はなんか、冷静にやろうとしてるのかなって感じがします。

——昔の無茶で覚えてることはありますか？

ようなぴ　無茶なこと……？　リリースとかに関してそうだった気がするな。いっつも、ホントにリリース直前に曲が出来てて。歌詞とかもなんか、前日とかに来たりしてました。

——かなりギリギリで。

ようなぴ　全部ギリギリだった。いつも「リリース間に合うの!?」みたいな気持ちでいたし。ワンマンとかも、全部ギリギリだから。それに比べれば、今は早めに準備出来てるような？

——田家さんの、他のプロデューサーにはないところってどういうところだと思います？

ようなぴ　他のプロデューサーさんのこと知らないからわかんないんですけど……。自分がなんでグループに入りたいって思ったかっていうと、やっぱ自分の知らない世界に

もっと足を踏み入れたいとか、知らない世界をもっと知っていきたい、経験したいって気持ちがあったんです。だから自分では踏み込めないところにガンガン行く感じが、ついていきたいって思えたのはありますね。

――そういう部分は田家さんすごいな、と。

ようなぴ　そうですね。わたし、けっこう人目を気にして生きてきたんですよ。目立つことしないように、と思って生活してたんです。でも、田家さんといると、普通に仕事で駅に集合して現場へ行くとかだけでも、めっちゃ目立つんですよ（笑）。道を歩いてる途中で踊ったりしてて。おっきい声で歌い出したりとかもするし。宣伝する、ってなったら、ものすごい声出してやるし。最初それについていけなくて「すごい！　怖い怖い！」ってなっちゃってたんですけど、時間経ったら大丈夫になってきて。

――怖いっていうか子供ですね、田家さん（笑）。

ようなぴ　人と違うってことをすごく恐れてたのが、人と違うことを恥ずかしがるっていうのがバカみたいだなって思えるようになって（笑）。それが田家さんと一緒にいて良かったなって思ってるところですね。

――それは良かったですね！

ようなぴ　学生時代とか、自分の感じたように自然に行動したりしてるのが、人と違くて。それによって学校の中で過ごしづらくなるってことが多くて、自分でいると人と違くなっちゃうんだってことがすごく怖かったんです。だから、周りをよく見て、周りと同じことをしようとか、そういうふうにしなきゃって意識が学生時代はあったので。なんかそれから解放されたのは、ホント田家さんとゆるめるモ！のおかげだなって感じです。

――田家さんの変さを見て、人と違うことをするのを恐れなくなった。

ようなぴ　みんなはわからないですけど、私はそうですね。今は人と違うということを恐れる必要はないんだ。やりたいことやろうと思ってます。

いつの間にかゆるめるモ！がないことが想像出来なかった

――ゆるめるモ！もトータルでは活動7年になりますが、自らがこのグループを続けるにあたってのモチベーションというのは何だと思いますか？

ようなぴ　う一ん、何だったんですかね一。でもなんか、始めた時は、本当こんなに続くって思ってなくて。

――それは自分がゆるめるモ！にいるのが？

ようなぴ　そうです。入れてもらえたけど、いつ「辞めろ」って言われても良いようにやろうと思ってずっと続けてきました。

――自分はこのグループに合ってないんじゃないか、みたいな気持ちはありました？

ようなぴ　あ、それは全然あります。

――最初からMCとか存在感あったし、合ってるなと思ってましたけどね。

ようなぴ　今もゆるめるモ！に合ってないんじゃないかって気持ちはずっとあります。自分の意見を出すというよりは、チームだからこそ生まれるアイデアとかを受け入れたいというか、あと自分的にはグループの音をどうやってステージで見せるか考えてやってたつもりだけど、それがグループにとってホントに良いのか？　とか、メンバーがどう思ってるんだろうとか、そういう不安はずっとあります。

――ようなぴさんらが入ってからは、グループとしては成長していった時期だけに意外です。

ようなぴ　もう不安だらけです。なくなった部分もあれば増えた部分もあるみたいな感じですかね。不安は尽きないです。つねにギリギリ。

――けちょんさんは続けるモチベーションって何だと思いますか？

けちょん　うーん、なんか居場所みたいになってましたね。「なってましたね」って過去形になっちゃった（笑）。ファンの人が帰って来れる場所でありたいな、って思ってたんですけど、気づいたら自分が一番必要にしてたかもしれない。

――けちょんさんはオーディションじゃなくて、田家さんにスカウトされて加入してますよね。だから「アイドルになりたい！」って気持ちはそんなになかった人じゃないですか。

けちょん　そうですね。

――アイドルになりたい！　って人なら、例えば「武道館に行きたい！」とか、ベタに言えば「夢に向かって」的なモチベーションがあると思うんです。

けちょん　夢に向かって……。そうですね、そういうのもちょっと考えたことありました。なんかみんな「何を目指して何とかだー！」って言ってるから。でも自分はそういうのじゃなかったですね。

——しかも初期は最少2人とかでライブも出てるわけじゃないですか。夢とか語ってる場合じゃないと思うんですよね。

けちょん　でも、その時期をきついと思ったことがなくて。たぶん大勢の前を経験してなかったからか、「なんか面白いなー」「変だなー」って思ってました（笑）。

——意外と楽しめてた？

けちょん　うーん、楽しかったのかなあ。でも悔しい気持ちもあったと思います。人がいたとしても、後ろで腕組んで観てるのとか「なんじゃそりゃ！」と思ってたし。

——しかも結成時のメンバーも減っていって……。

けちょん　ああー、そうですね。さみしかったですね。

——でも、そこで辞めようとも考えなかった。

けちょん　そうですね。

——逆に「私がやらなきゃ！」みたいな。

けちょん　私がやらなきゃって思ってないなー（笑）。

——あははは！

けちょん　思ってたのかな？　なんか自分の気持ちがわかんなくて。わかんないから上手く伝えられなくて。あとからわかるんですよね、自分の気持ち。でもなんか、いつの間にかゆるめるモ！がないことが想像出来なかったんですよ。

ゆるめるモ！がもう生きてる8割9割

――しふぉんさんはモチベーションは何でしたか？

しふぉん　モチベーション……やっぱファンの人が大きいですね。ファンの人の声とか目線とか、そういうものですね。やっぱりファンがいないとやりがいを感じないし、自己満の世界で音楽をやっていてもきっと楽しくない。ファンが増えることで、より多くの人に届いているっていう実感があるので。

――昔と今ではモチベーション自体の変化はありますか？

しふぉん　考えは全然変わってないですけど、初期は本当に自分の良さを出せてなかったと思っていて。それがもうファンの数に出てたんですよ。チェキに来てくれるお客さんが0人だった時も続きましたし。それでやばいなと思って、ライブ中の煽りをやるようになったりして、ライブ中にやるべきことが定着していって。いまは0人とかなくなったし。ホントありがたいことに。頑張ってきて良かったなって思いますね。

――じゃあさらにお客さんを増やしていくことが、モチベーションにも繋がる。

しふぉん　そうですね。まだ全然届いてない人がいっぱいいて。苦しい思いをしている人がきっとたくさんいる。ゆるめるモ！を知ることでそれが報われるはずなのに、届いてないなって印象はあります。

ようなぴ　うん、もっと多くの人に届くんじゃないかっていうのはすごくあります。今わりと、ゆるめるモ！史上の中でも、ゆっくりだけど、ベストの更新は出来ていると思ってて。その更新はまだまだ出来るとも思います。ただもっと早く！　とも思うから、そこらへんはすごく悔しいなって気持ちはずっと持ってます。

――もっとこの音楽を必要にしてる人はいるはずだ、と。

ようなぴ　そうですね。ただ、もっと色んな人を音楽で救いたいってのは、後から乗っかってくるものって感じですけどね。やっぱ自分がゆるめるモ！の音楽が好きだから、曲を歌い続けたいなって気持ちがあります。自分がやっぱ『逃げろ!!』とか、ゆるめるモ！の曲に救われた部分があるんですよ。音楽をやってるから出会えるものがたくさんあるから。そこの期待はなくなることはないですね。

――ではあのちゃんのゆるめるモ！を続けるモチベーションとは？

あの　モチベーション……うーん、なんだろう？　単純に辞めるのは簡単っちゃ簡単で。辞めたら曲とか音楽は残ってくかもしれないけど。そうなるまでには、もう少し必要というか。もうちょっとなんだろ、やり方とかあるんじゃないかって思うし。

――自分たちがやってる曲をこの先残していきたいって思いはありますか？

あの　うーん。そう、かな。うーん……残らないともったいないなと思います。賛否両論あるとは思うけど、良い曲とかがあるから。それが届くべき人のとこに届かないともったいない。

――もっと聴いてくれる人がいるはずだっていう、もやもやがある。

あの　うーん、あるけども。ありますけど。みんながどう思ってるか知んないし。

――届ける人が見当たらなかったら辞めるかもしれない。

あの　いや、別にそこで辞める理由にはならないけど。なんて言えばいいんだろ。難しいな、これ。……じゃあ、モチベはないです（笑）。

――急になくしましたね（笑）。

あの　あんまりモチベとか考えてやったことないから。うん、単純にぼくは、生きるためにやってるから。

――ゆるめるモ！は、音楽は生きるためにやってる。

あの　うん、それだけなんです。

――ライブ中は自分が生きてると感じる？

あの　感じる時もある。何もやらないともともと引きこもりだったから、社会に出ていけないし。生きていくことが精神的に出来ないから、とりあえず今やってるって感じで。他の人みたいに、辞めたらソロがあるという意識もないし、家族を持つとか、幸せな家庭を作りたいとか、お嫁さんになりたいとか、ぼくにはそういう夢がないから、仕方ないって感じ。仕方なくやってる（笑）。生きるために。

――ゆるめるモ！をやってること自体が日常生活というか。

あの　うーん。生きてる8割9割は占めてたかなと思う。

もっとバンドもしたい！　つなぎも新感覚に！

――では、今回の本がアイドルプロデュースについての本なので、それぞれ自分がゆるめるモ！をプロデュースするならこういうことをしたい！　というのを提案してもらえますか。例えば曲はこういうのをやりたいというのはありますか？

あの　うーん、自分がプロデューサーで、好きにセトリ組んで良いよって言われたら、ホントは『SWEET ESCAPE』とかをバンドセットで延々とやったりしたいです。

ああいうかっこ良い曲だけやるって感じがホントは良いけど、でも結局プロデューサーだったら、それだとダメだからって、ポップめなやつとかもやらせるだろうなって思う。自分でも。

——自分で既にダメ出しが。

あの　自分でセトリ組んだら、あんま人気ない曲ばっかになっちゃうかもしれない（笑）。

しふぉん　音楽でいえば、わたしがたぶん4人の中で一番ミーハー音楽が好きというか、普通に邦ロックが好きだったりとかするので、普通にバンド好きなアイドルみたいになってしまうと思うんです。でももっとゆるめるモ！を自分で好きに作れるとしたら、もっとバンドで回りたいですね。すごくお金かかるんですけど（笑）。

ようなぴ　わたしはやっぱりニューウェーブとかテクノとか、そういう響きが好きで、そこに惹かれてゆるめるモ！に入ったっていうのがあるので、ニューウェーブ的なことをやっていきたいって思います。

——最初はけっこう「ニューウェーブアイドル」みたいな紹介が多かったですけど、最近はあまり見なくなりましたね。

ようなぴ　衣装とかも、例えばつなぎでもっと新しい可能性を開けないかなって。ファッション的な意味でも、新しい見せ方をしても面白いなと思って。つなぎに限らずですけど、なんか面白いことをしていきたいです。ニューウェーブ・テクノ的な曲も好きだし、ロック系も好きなんですけど。ジャンルは偏らずにやってないものをどんどんやっていきたい。最近だと『さよなら世界』でスカは初めて挑戦だったんですけど、それもすごく面白かったし。

――もっといろんな音楽とも出会いたい。

しふぉん　音楽でいえば、わたしロックキッズだったんで感覚としてわかるんですけど、ロックキッズが好きなものって、やっぱりわかりやすいものなんです。「この前奏だと次の流れこれだろ！」くらい典型的なもの。今まで色々な曲やってきたゆるめるモ！からするとシンプル過ぎるだろ、って思われちゃうかもしれないけど、ファンの層を広げるには必要なことだなって思うんです。そういうのももっと必要だなあって。

――実際『サマーボカン』はその路線で若いファンに刺さったわけですからね。

しふぉん　そうなんですよ。『サマーボカン』はわたしたち世代の曲調のはずなんですけど、それまでが攻めすぎてたので、自分たちのものにするのにけっこう時間がかかって。

——若いのに、アンダーグラウンドな音楽ばかり聴きすぎたおじさんみたいな耳になってる（笑）。

しふぉん　アハハハ！　いや、ホントそうなんです！

——ではけちょんさんは曲に関してこういうのやりたいってありますか？

けちょん　うーん……なんか難しいっすよね！　ゆるめるモ！って既に存在してるから、自分がプロデューサーだったらって考えるの難しいなって思って……。でも、なんかネタみたいなのやりたいな。1分半の曲しか入ってないミニアルバムとか、ふざけたやつとかを、ぽんって出してみたい（笑）。もっと変なことしたいですね！

ゆるめるモ！の10年後の光景は？

——では最後の質問ですが、これから10年後ゆるめるモ！はどうなってると思いますか？

10年目じゃなくて10年後、です。

ようなぴ　想像つかなすぎる～（笑）。

しふぉん　10年後か！　もしグループが続いてれば、すげえファンキーなおばさんたちがいるんじゃないかなって（笑）。今以上に、すごく人生がにじみ出るような人たちが続けてくれてるのではないかなと。ファンの人も、色々患いながらも、みんなMIX打ったりとか、好きなように楽しんでいるんじゃないかと思う。そういう場合はグッズで、エイジングケアのグッズを出したいな（笑）。湿布とかもいいですね。

——Tシャツとかより、身体を大事にするグッズの方がメインに。

しふぉん　メンバーカラーもちょっと渋くなって、赤もくすんだ赤とかになって（笑）。さすがに早い音楽は出来なくなってるかもしれないけど、もともとの幅の広さがあるから、なんか楽しいグループやれてるんじゃないかと思います。踊りなしなら早いのも出来るんじゃないかな。

——その年代になると、今のファンの人が、結婚して子供連れてゆるめるモ！のライブに来てくれるかもしれない。

ようなぴ　それはめっちゃ良いですよねー。そういう未来があったら最高だなって思います。それこそＮｅｇｉｃｃｏのＮＡＯ☆さんとかご結婚されたじゃないですか。でもアイドルでなかなかそういう、女性としての人生も両立しながら、普通に人としてまっとうに生きながらアイドルやるってこれまで出来なかったこと。それをやってる人がついに現れて。その次をゆるめるモ！がやるって話じゃないけど（笑）、世の中がそういうことを受け入れられるようになってたら良いなって思いますね、10年後は。

あの　どうだろう……なんか、曲は受け継がれてくというか。なんか、誰かしらの心に残るような曲が多いと思うんで。うん。音楽は残ってくかなって思う。自分たちがどうかはわからないけど。

ようなぴ　ゆるめるモ！の10年後の話だけじゃなくなっちゃうけど、なんか、メンバーも、ファンの人ももちろんそうだし、それぞれがちゃんと自分の生活というか、人間として生きとし生けるものとして幸せになってほしいっていう気持ちがすごくあって。それが実現出来る社会になってたら良いなって思う。全然違う方向かもしれないけど、どうせ人に見られる立場でいるんだったら、何か問題提起を出来るような立場になれるなら、なりたいなって思いますね。

——アイドル内だけでないもっと広がりのある問題提起を。

ようなぴ　これは私の勝手な偏見かもしれないけど、なんか今の社会って、ＳＮＳが発達してることによって、自分で感じるみたいなことをおろそかにしてる人をすごく目にするんですね。ちょっと冷たい感じじゃなくて、社会になじめない人も、悪いことしたやつも、みんな一緒っていうか、人と人がもっと気持ちを寄せ合えるようになったら良いなって願いです。

けちょん　いまから10年後は……うーん、みんな母になってる。

——もうみんなお母さんですか。

けちょん　うん。子供がいて。えっと……10年後だから、『バカ殿様』に出るようになって。出たいんですよ、『バカ殿様』（笑）。

——そこになりますか（笑）。腰元役で。

けちょん　なんかそういうコント番組とかに普通にいたいですね。ゲストじゃなくて、普通にいる、みたいな。

——レギュラーでね（笑）。

けちょん　メインの役じゃないけど、絶対いる存在で、４人白塗りして志村さんの後ろで着物着てとかしてみたいよね（笑）。

――でも誰に売り込めばいいんだろうな、それ。

けちょん　まずは志村さんに気に入られないと……。

おわりに――――――――――――――――大坪ケムタ

前作を書いてから5年、これまで本当に多くのアイドル運営の方に「田家さんと大坪さんの本を読んでアイドルを始めたんですよ」と声をかけていただきました。あの本で多くのアイドルが誕生するきっかけを作れたのなら、本当に嬉しいです。

この5年で大きくアイドル界が変わりました。「目指せ武道館！　オリコン1位！」といった夢を、もう簡単にはアイドルもファンも信じてはくれません。そして2017年から18年にかけて、多くの大手事務所のアイドルが解散しました。芸能のプロたちが、数字という現実を見た上での撤退。最近では「儲けたいのなら今はアイドルよりメンズアイドルだよ」という声がまことしやかに聞かれるようになりました。

それでも都内ライブハウスやCDショップでは毎日のようにアイドルイベントが組まれ、毎週のように新しいアイドルが生まれているのは、運営とアイドル、双方がまだアイドルという生き方や表現に冷めない夢を見ているからです。

続編である本書は「キャパ1000人を超えてから」というキーワードこそありますが、その規模のアイドルだけのためでなく、今またゼロからアイドルを始める人たちへの心構えやヒントが書かれた本になったと思います。

特に田家さんのインタビューの中で出た「コンセプトよりメッセージ」というテーマは、今後アイドルを作る際に大事なキーワードになっていくと思います。そのアイドルはステージを通して、何を伝えたいのか、誰に届けたいのか、どんな光景を見せたいのか。

全国的な問題となったＮＧＴ48の事件や、地下アイドル界で起きる数々のトラブル。中には命まで落とす悲しい事態まで起きています。業界の規模が広がったとはいえ、アイドルにまつわる負の話題は、残念ながら終わりを見せることはなく。実際に、ハラスメント問題を起こすようなだらしない運営がいるのも事実です。

しかし、ステージで見せるアイドルたちの美しい瞬間は、運営とアイドルがしっかりとチームを組んでこそ生まれるもの。両者が真剣でないと、その女の子にしかない輝きを放つことは出来ません。

運営のことを「大人」とアイドルたちが称することをよく見かけます。大人がちゃんと大人をしていないと、アイドルは輝けません。女の子たちが頑張ってアイドルを演じるように、運営の方々も頑張って大人になり、そのチームにしかないアイドルの輝きを見せてくれることを願っています。

この本を読んで、アイドル運営を志す人がひとりでも増えることを楽しみにしています。

田家大知

こうして前作の続きを5年ぶりに無事に出すことが出来ました。前作に引き続きぼくのとっ散らかった話を上手に読みやすくまとめていただいた大坪さん、優しさと熱意を持って企画から形にしていただいた編集の岡崎さん、おふたりの尽力なしではこの本は生まれませんでした。本当にありがとうございます。

前作を出した頃は、現実を知らないままに理想を語っていたところもありましたが、今はもう約5年も時が経ち、現実もだいぶ見えた中で語っています。前作のように前向きな夢ばかりを語れなくなっている自分もいますが、そのぶん実際の戦闘経験に裏打ちされた、武器としてリアルに役に立つ言葉が多くなっているかなと思います。

アイドルは、始めることよりも続けることの方が大変です。ここまで7年続けてきて、それは本当に痛感します。ただ不思議なことに、こんなに大変なのに、まだ世の中のためにやらなくてはいけないと感じることが多すぎて、時間がない、自分は死ねない、とばかり思います。２０１２年に街頭でスカウトをしていた頃を振り返った時に思い出す、体内にスパークしていた熱は、今も全く冷めることはありません。

ハリー・ポッターを書いたJ・K・ローリングさんが、ある日電車に乗っていた時に突然物語のイメージがバッと浮かび上がってきたと言っていますが、あの時期、自分がアイドルをやらねばならない！　と雷のように直感的に思ったのは、自分がやりたいからというエゴでもなんでもなく、現在の世の中が必要としているものが見えてしまったからなのではないかと思っています。

自分の出来ることは、ひたすらやり続けることだと思っています。才能とか能力とか、そんなものはぼくにはありません。ただひたすら届けなくてはいけないという執念と使命感だけで動いています。時には暴走して先走りすぎてしまうことも多々ありますし、論理的に考えることも動くこともぼくには出来ないですが、この本に込められたそんな熱が少しでも伝われば幸いです。

前作を知らずとも、新たにこの本をとっていただき、アイドルって面白そうだな、アイドルやってみたいな、ゼロからでも何かを始めてみたいなと思う方が1人でもいれば何よりです。

雨の日も風の日もいつも頑張ってくれるメンバーのみんな、しっかりとメンバー・スタッフの生活をまとめてくれている南木くん、恐ろしいほどの業務をこなしてくれている小さな巨人マネージャーの原田さん、体を張って支えてくれるスタッフのみなさん、愛を持って物作りをしてくれる制作のみなさん、本当にありがとうございます。皆様のお陰で、ゆるめるモ！は明日も活動を続けていけます。これからも熱を冷ますことなく、しつこいくらいの粘っこさと気合いで、少しでも多くの人に届くようキープゴーイングし続けていきます。

[著者紹介]

大坪ケムタ（おおつぼ・けむた）

1972年佐賀県生まれ。大学卒業後フリーライターに転向。アイドル・プロレス・アダルトなどの原稿を中心に執筆。著書に『ゼロからでも始められるアイドル運営』『少年ジャンプが1000円になる日』『現代プロレス入門』『レスラーめし』など。

田家大知（たけ・たいち）

1974年東京都生まれ。大学在学中に世界26カ国を放浪後、フリーライターに転向。2012年に全くの未経験からアイドルグループ「ゆるめるモ！」を立ち上げた。その後も着実に人気を伸ばし、なおも数々のサプライズを提供し続けているプロデューサー。

コア新書　029

10年続《ねんつづ》くアイドル運営術《うんえいじゅつ》

～ゼロから始《はじ》めた"ゆるめるモ！"の2507日《にち》～

2019年9月3日　初版第１刷発行

著　者　大坪ケムタ　田家大知

発行者　太田 章

編　集　岡崎正太郎

発行所　株式会社コアマガジン
東京都豊島区高田3-7-11　〒171-8553
電話　03-5952-7816（編集部）　03-5950-5100（営業部）
http://www.coremagazine.co.jp/

装　幀　井上則人デザイン事務所

帯撮影　クラタマコト

印刷・製本　凸版印刷株式会社

ISBN978-4-86653-336-0　C0276